保證不腦殘的歷史智慧

大吉

九十位知名導師 用故事教你逢凶化吉

山陽，劉燁 主編

崧燁文化

目錄

第三章　平安一生的坦途

第四章　藏露進退的學問

第五章　巧妙處世的智慧

第六章　凡事順利的法門

第七章　高人一籌的謀略

第八章　勸諫說辯的良策

前言

故事裡的事，說是故事也不是，說不是也是。所謂故事，過往之事也。歲月的車輪輾過，沉澱風化，以歷史的方式留存故事；三十年河東，三十年河西，啟迪智慧的哲理故事應運而生；芸芸眾生，紅塵滾滾，總有一些事情讓我們永遠感動；日出而作，日落而息，有一些經驗和事跡總能讓財富增加高度。一個故事就是一次轉機，一個故事就是一種人生，故事的寓意往往引發人們許多的思考，同樣的故事，不同的人會有不同的感悟或覺醒。

故事的講與聽，就像品嘗一杯美酒——芬芳濃郁而耐人尋味；味美純正而醉人心扉。故事折射人生百態，引導我們感悟生命的華彩樂章，給我們以智慧和啟迪。

讀這樣的書，我們可以從精妙的生活故事中提煉出生活的哲理，也可以從典故、寓言、名人軼事中闡發、昇華出發現和感受。

本書記載了眾多中國歷史上有趣的故事。閱讀本書可以使我們記住歷史，並從悠久的歷史中得到人生的啟迪：

戰國時代的刀光劍影，留下了「風蕭蕭兮易水寒，壯士一去兮不復返」的英雄氣概，給了我們不畏強權的啟迪！

唐風宋月，不肯摧眉折腰的李白，牽掛天下寒士的杜甫，給了我們剛正不阿，一身正氣衝雲霄的啟迪！

辛棄疾氣吞萬里，如虎的豪情長吟，岳飛踏破賀蘭山的錚錚馬蹄，給了我們精忠報國的啟迪！

蘇武牧羊，風霜刀劍十九載，歸心不改的民族氣節，給了我們堅貞不屈的啟迪！

……

本書資料詳實，內容豐富。上下幾千年，縱橫數萬里，凡著名故事盡收其中，戰場、商場、官場、名利場——均有涉及；奇事、奇情、奇計、奇謀略——無不包容。看過此書，不僅會對中國歷史的變遷有所了解，而且亦能對其中的是非成敗有所認識。既可供讀者研究前人豐富的文化遺產，開啟智慧、增長才情，亦可供讀者隨意瀏覽，平添樂趣。

第一章　修身養性的感悟

中國古代先哲們，大多把修身養性放在自己走向成功之路的首位。修身是要使自己的思想、道德修養不斷提高；養性是要去除人性中的各種劣根性。修身養性的過程，就是要求人們培養自己堅強的意志品質，克服各種欲望——堅持正義、仁愛、誠信、謙讓、寬恕，克制私欲、褊狹、驕矜、浮躁……

1「懸魚太守」羊續

培養自己的廉潔作風，嚴格要求自己，生活樸素，反對奢靡，這樣為官才能為民作主，為士才會有高貴的品行。唯廉才能戒貪，唯廉才能志存高遠。

東漢時，有一個叫羊續的人在南陽郡做太守。南陽是東漢開國皇帝光武帝劉秀的老家，這個地方北靠河南省的熊耳山，南臨湖北省的漢水，土地平坦，氣候溫暖，水源充足，農業生產和工商經濟相當發達。由於生活安定富裕，這裡的社會風氣相當奢侈和浮華。郡、縣等各級政府機構中，請客送禮、託關係辦事、講排場、比吃喝之風頗盛。羊續到任後，對這種不良的風氣十分不滿。但是，他知道要糾正一郡之風，先得從郡衙開始，要從郡衙開始，必須從做郡守的開始。於是，他下決心從自己做起，扭轉南陽請客送禮等不良風氣。

一天，郡裡的郡丞提著一條又大又鮮的鯉魚來看望羊續。他向羊續解釋說，這條魚並不是花錢買來的，也不是向別人要來的，而是自己在休息的時候，從白河裡打撈上來的。接著他又向羊續介紹南陽的風土人情，極力誇讚白河鯉魚的鮮美可口。他又表白說，這條魚絕非送禮，而是出於同僚之情，讓新到南陽的人嘗嘗鮮，增加對南陽的感情。羊續再三表示情意很深，自己心領了，但是魚還是不能收。郡丞無論如何不肯再把魚拿回去。他說，要是太守一定不肯收，就是不願意與他共事了。羊續感到盛情難卻，只好把魚收下。郡丞放下魚，歡天喜地告辭走了。郡丞走了以後，羊續提起那條魚想了一會兒，就讓家裡人用一條麻繩把魚拴好，掛在自己的房檐下。

過了幾天，郡丞又來家裡拜望羊續，手裡提著一條比上次更大更鮮的鯉魚。羊續一看很不高興。他對郡丞說：「你在南陽郡是除了太守以外地位最高的長官了，你怎麼好帶頭送禮給我呢？」郡丞聽了，不以為然地搖了搖頭。剛想再說幾句什麼，羊續已經讓人從房檐取下上次那條魚，並對郡丞說：「你看，上次的魚還在這裡，要不你就一塊拿回去吧？」郡丞一看，上次那條魚已經風乾得很硬了，一下子臉紅到脖子，很不好意思地離開了太守的家。從此，南陽府上下再也沒有人敢給羊太守送禮了。

這件事情很快就傳開了，南陽的百姓非常高興，紛紛讚揚新來的太守。有人還替羊續起了一個「懸魚太守」的雅號。

2 孔明誠信，兵勝祁山

諸葛亮為取信於士兵，寧可自己一時為難，也要對士兵、百姓講誠信。一次詐騙行為可能會解決暫時的危機，但是這背後所隱伏的災患，比危機本身更危險，對此，諸葛亮是深深了解的。三國時，蜀漢建興九年，諸葛亮用木牛、流馬運輸軍糧，再次出兵祁山，第四次伐魏。魏明帝曹睿親自到長安指揮戰鬥，命令司馬懿統帥費曜、戴陵、郭淮諸將領，司馬懿命令費曜、戴陵二將屯紮，自己率大軍直奔祁山。面對著兵多將廣、來勢凶猛的魏軍，諸葛亮不敢輕敵，於是命令部隊占據山險要塞，嚴陣以待。魏蜀兩軍，旌旗相望，鼓角相聞，戰鬥隨時可能發生。在這緊要時刻，蜀軍中有八萬人服役期滿，已由新兵接替，正整裝待返故鄉。魏軍有三十餘萬，兵力眾多，連營數里。蜀軍在這八萬老兵離開之後將更顯單薄，眾將領都為此感到憂慮，而那些整裝待歸的戰士也在憂慮，生怕盼望已久的回鄉願望不能立即實現，大概要到這場戰爭結束方能回去了。

於是不少蜀軍將領進言希望留下這八萬兵，延期一個月，等打完這一仗再走。諸葛亮斷然拒絕道：「統帥三軍必須以絕對守信為本，我豈能以一時之需，而失信於軍民。」諸葛亮停了一停，又道：「何況遠出的兵士早已歸心似箭，家中的父母妻兒終日倚門而望，盼望著他們早日歸家團聚。」遂下令各部，催促兵士登程。此令一下，所有準備還鄉之士在感到意外的同時，也感到欣喜異常，感激得涕淚交流，紛紛說：「丞相待我們恩重如山」，均要求留下參加戰鬥。那些現役士兵也受到極大的鼓舞，士氣高昂，摩拳擦掌，準備痛殲魏軍。

諸葛亮在緊要關頭不改原令，使還鄉的命令變成了戰鬥的動員令。他運籌帷幄，巧設奇計，在木門設下伏兵。魏軍先鋒張郃是一員勇將，被誘入木門埋伏圈中，死於亂箭之下。蜀軍人人奮勇，個個爭先，魏軍大敗，司馬懿被迫引軍撤退。犒勞三軍之時，諸葛亮尤其褒獎了那些放棄回鄉、主動參戰的士兵。蜀營中一片歡騰。

3 程嬰捨兒救趙孤

《孟子．告子上》中有：「魚我所欲也，熊掌亦我所欲也；二者不可得兼，捨魚而取熊掌者也。生我所欲也，義亦我所欲也；二者不可得兼，捨生而取義者也。」程嬰和公孫杵臼正是奉行了這樣捨生取義的價值觀。

春秋時期，晉國有個大臣屠岸賈，本是晉靈公的寵臣。靈公被趙家的人刺殺後，景公即位，升屠岸賈為大司寇，屠岸賈要為靈公報仇，陰謀發動一次政變，奪趙氏之權，滅其族。

趙盾部將韓厥，趕緊把這一消息告訴了趙盾的兒子趙朔。後在韓厥的保護下，趙朔懷有身孕的妻子，即景公的姐姐，躲入宮中，倖免於難。不久生下男孩。屠岸賈得知這一消息，到處搜緝小男孩，妄圖斬草除根。

趙盾生前一位忠誠的門客，名叫公孫杵臼，在當日趙府被圍的時候，便約門客程嬰一起殉難，程嬰說道：「趙夫人懷了孕，若生下男孩，我還得把他好好地撫養大；如果是女孩子，到時候再死也不遲。」公孫杵臼非常贊同程嬰的見解。後來聽說公主生的是女孩時，公孫杵臼大哭起來：「天啊！你真的要滅絕趙家嗎？」程嬰卻勸他說：「未必可信，我先去打聽一下！」於是，千方百計與公主取得聯繫，按當初約定，男孩為武，女孩為文。公主給他一張紙，上面只寫了一個「武」字。這時，兩人方知公主所生是個男孩，兩人無限歡喜。等到屠岸賈搜宮一無所獲時，二人又商議起來。

程嬰對公孫杵臼說：「這次他們雖未搜出，以後必定還會再搜！那要怎麼辦呢？必須想想辦法，把孩子偷出宮來，藏在遠方才保安全。」

公孫杵臼想了許久，問程嬰：「保全孤兒與一死報恩，哪一件事更困難呢？」

程嬰說：「當然是一死報恩容易，保全孤兒更難了。」

「那好極了，兄為其難，弟為其易，趙氏上代對你很好，那你就該勉為其難，擔當起保全孤兒的責任吧！」

「此話何意？有何計策？」

「只要能找到一個最近出世的嬰兒，冒充是趙氏的孤兒，由我抱往首陽山躲起來，你就去告密，屠賊搜到了假的，就不會再受威脅了。」

「那就再巧不過了，」程嬰說：「我的妻子也剛生下了一個男孩，和孤兒的生日相近，可以代替。但是，你犯了藏孤之罪，必定處斬，那……」說到這裡，眼淚禁不住簌簌地落了下來。

公孫杵臼生氣了，說：「哭什麼？這是件大事，也是好事。你立即去抱兒子過來，然後去找韓厥將軍，把孤兒設法安置好！」

程嬰收淚回家，在半夜裡，悄悄地把自己的兒子交給公孫杵臼帶往首陽山去，隨即前往面見韓厥，給他看看掌上的「武」字，再把公孫杵臼的計劃告訴了他。韓厥大喜，便對程嬰說：「恰巧趙夫人有病，叫我去請一個信實的醫生，你只要能把屠賊騙到首陽山去，我就會設法把孤兒弄出來的。」

計策安排妥當，程嬰就往屠岸賈處去告發：「只因自己和公孫杵臼是趙家門客，受趙夫人委託，祕密帶走趙氏孤兒，逃匿深山，恐日後事露，全家遭斬，因而，先行前來報告，可保全家性命，且可得到千金賞賜。」

「孤兒現在什麼地方?」屠岸賈問。程嬰視左右退下，然後悄悄地告訴他：「現藏匿在首陽山深處，務必要迅速行動，否則將逃往秦國去了，還要大夫親往，別人多與趙氏有交情，信賴不得！」

聽罷所言，屠岸賈大喜，親自率領三千甲兵，程嬰帶路，直奔首陽山去，山路崎嶇，陰暗幽僻，好一會兒才見有一茅屋。程嬰說：「在這裡。」說罷敲門，公孫杵臼出迎，一見情形，轉身便走。程嬰高聲喝道：「不要跑，屠大人已經知道了，特地親自來取，快把孤兒獻出來吧！」

士兵已把公孫杵臼抓了起來，去見屠岸賈。屠問：「孤兒安在？」

公孫杵臼氣憤地說：「沒有！」屠岸賈不理會，下令：「搜！」搜到壁室裡，見鎖著，就衝進去，裡邊很暗，只聽見有小孩子的哭聲，抱起來，見用錦繡裹著。

公孫杵臼一見，想要撲過去搶，卻被士兵們揪住。他就指著程嬰大罵：「程嬰，你真是混蛋，我和你同受趙氏之託，藏匿孤兒，想不到，你是個小人，居然出賣我，貪圖千金之賞，忍心斷絕了趙氏的血脈，你真是良心喪盡……」把程嬰罵得狗血淋頭，滿面羞愧。

「你死到臨頭還不知悔？」屠岸賈說，「把他殺了！」

「嚓」地一聲，公孫杵臼已倒在了地上，身首異處。

屠岸賈接過孤兒，往地上一摔，大笑道：「沒曾想到，你趙家也有今日！」

孤兒摔死之後，屠岸賈得意忘形地收兵回京。

當屠岸賈往首陽山搜孤的時候，城裡的檢查也就鬆懈了。韓厥趁機託心腹之人扮成醫生，入宮替趙夫人治病，在藥箱上貼一個「武」字，趙夫人會意，診脈完畢，乃將孩子暗放在藥箱內，帶出宮去。韓厥即藏孩子於密室，僱心腹乳母餵養。

十五年過後，趙武長大了。景公要恢復趙氏的聲譽，韓厥趁機把冤情經過說出來，景公大怒，特許趙武雪冤，於是屠岸賈全家又被趙武殺盡。

4 龐涓與孫臏的故事

孫臏最終在戰場上懲處了不仁不義的同窗龐涓，這都是龐涓咎由自取，罪有應得。從龐涓的下場，我們理應吸取教訓，正如古人所云：「多行不義必自斃。」這是千古不變的道理！

龐涓與孫臏同在鬼谷先生門下學兵法。龐涓自以為學得差不多了，又聽到魏國正在厚幣招賢，訪求將相。於是匆匆辭別鬼谷，投奔魏相國王錯，王錯將他推薦給魏惠王。魏王見他兵法精熟，便任他為元帥，兼軍師。

孫臏為人忠厚，鬼谷先生便將自己註解的《孫武兵法》傳授給了他。孫臏三日內全部記下，鬼谷便索還原書。

魏惠王從墨翟口中知道鬼谷門下還有一孫臏，很是了得，於是便派使臣迎至魏國。魏惠王問龐涓，孫臏才能如何，龐說在己之上，要魏惠王任他為客卿。客卿地位雖高，但不掌軍權。孫臏在惠王面前演習兵陣，龐涓預先請教孫臏，然後在惠王面前一一指出陣名，惠王便以為龐涓勝孫臏。

龐涓既害怕孫臏分寵，又想得到《孫武兵法》真傳，他開始設計陷害孫臏。孫臏是齊國人，龐涓叫人假造了一封家信，由手下人扮作齊使者，將信交給孫臏，說是齊國他哥哥來的信，請他回去祭掃祖墳。孫臏回信謝絕，龐涓得信後，加進了孫臏想效忠齊王的內容，連夜送給魏惠王看，又假裝探望孫臏，唆使孫臏第二天上書請假。惠王便真的以為孫臏不忠，想出賣自己，於是把他交給龐涓處理。龐涓當著孫臏的面，說是要去見惠王，救孫臏，實則在惠王跟前請求對孫臏用刖刑（即鋸去膝蓋骨）。回來後，說自己只救得不死，假表歉意後，便叫手下人將孫臏弄殘了。

孫臏從龐涓的下人那裡打聽到消息，得知龐涓想在兵法到手後便弄死他，情急生計，便裝癲佯狂。墨翟得知此事後，便到齊國把詳情告知大將田忌，田忌言之於齊威王。於是齊國藉口其他事，派使臣至魏，趁龐涓不注意，將孫臏偷運至齊國。

孫臏到齊後，只願做田忌的軍師。後龐涓率兵攻打趙國都城邯鄲，趙求救於齊。田忌用孫臏「圍魏救趙」計，就近進攻魏國的襄陵。龐涓果然回兵，結果在桂陵中了孫臏預設的埋伏，大敗。

龐涓知齊威王得孫臏後，一直寢食難安，又行反間計，使田忌、孫臏免官。龐涓得意忘形，以為天下無敵了，便率大兵攻韓，韓國向齊求救。當時齊威王已死，宣王繼位，並重新起用了田忌、孫臏。齊國待魏兵與韓兵交戰了很久之後，才出兵。這次又採用「圍點打援」計，直逼魏都大梁。龐涓火速回兵，孫臏又用減灶之法迷惑敵人，使龐涓誤以為齊兵大多逃亡，不堪一擊，於是全力追趕。追至馬陵道時，又中了孫臏的埋伏，全軍覆沒，不仁不義的龐涓被萬箭穿心。

5 和珅一生中最窩囊的事

過於貪心的人，讓人厭惡；過於貪心的官，讓人痛恨。和珅，這個古代官場上最貪婪的敗類，碰到了他一生中最窩囊的一件事。

錢灃字東注，號南園，雲南昆明人。乾隆四十六年（西元一七八一年）任御史。御史負責監察工作，專門糾舉和彈劾從中央到地方各級官吏的違法亂紀行為，品級不高，但職權很重。

當時山東巡撫國泰驕奢淫逸，貪汙受賄，勒索攤派，無惡不作，山東的老百姓個個對他恨之入骨，錢南園準備彈劾他。寫好奏章之後，他去找自己的好朋友，一個姓邵的翰林，向他借十千錢。邵翰林問他借錢幹什麼，他說：「山東巡撫國泰的所作所為，令人氣憤，我準備彈劾他，但他是和珅的親信，而和珅又是皇上寵愛的大臣，當朝宰相。我的奏章上去，凶多吉少，很可能被革職充軍。如果充軍到新疆、黑龍江這些邊遠地區，我路費都不夠，所以預先做點準備。」邵翰林一聽大驚，對他說：「十千錢是小事，你要彈劾和珅的親信國泰，這不是捋老虎的鬍子嗎！你不為自己著想，難道也不為你的父母想一想嗎？」錢南園長嘆一聲，回答說：「忠孝不能兩全，我已經決定了。」第二天。錢南園將奏章送呈皇帝。乾隆一看，國泰的罪狀是以納貢為名勒索攤派，從中漁利；擅自提用山東各府的國庫存銀，供自己揮霍享受，致使國庫虧空。乾隆大怒，馬上問錢南園：「你所彈劾的都是事實嗎？」錢南園回答說：「請皇上派大臣前去查辦，如果不實，微臣甘願伏罪。」乾隆說：「那好，就派和珅去。」錢南園聽說派和珅去，心裡很不樂意，遲遲不願謝恩退下。乾隆察覺了他的心思，又說：「你也去，還派劉墉去，你們三人共同查辦。」錢南園聽了才高興地磕頭謝恩而出。他心裡想，如果和珅一人前去，肯定會為國泰掩飾包庇，現在劉墉也去，劉墉也是大學士、軍機大臣，而且為人正直，和珅就會有所顧忌了。

奉到聖旨以後，錢南園不願與和珅同行，他以替和珅、劉墉兩位大學士清道為藉口，一個人帶著一小隊士兵首先啟程，出了北京城，頭一天在良鄉的驛站住下。晚飯後，有一個人騎一匹健馬來到驛站。這個人穿著豪華，派頭十足，要茶要水，稍不如意，就揮斥怒罵。錢南園向驛站打聽，站長說：「這是和珅的信使。」錢南園知道這一定是和珅派專人向國泰通風報信的，於是馬上決定留下四個士兵，並要他們記住這個信使的相貌，等他返回時立刻將他拿下。

錢南園、和珅、劉墉到了山東省城濟南，馬上提審國泰。國泰自恃有和珅做靠山，言詞傲慢，態度驕橫，一見錢南園就罵：「你是個什麼東西，你有什麼資格來問我？」劉墉大怒，正色說道：「你是一個有罪的二品犯官，他是一個奉聖旨前來審問你的四品京官，你怎麼敢這樣藐視京官？」喝令左右掌嘴。兩個侍役走上來就是幾個巴掌，一下就打落了國泰的氣焰。

和珅、劉墉和錢南園首先審查了進貢捐款的數目，根本查不出什麼破綻，原來，國泰得到消息以後，早就做好一切準備了。三人又來到濟庫的府庫，打開庫門一看，銀架上整齊地排放著一封封的庫銀，滿滿的，幾乎沒有什麼空隙。和珅對劉墉說：「不用查了，國庫沒有虧空。」劉墉說：「我們奉旨來查，不查怎麼回報。」和珅說：「那就抽查幾封算了，每一封銀子都打開，費工費時，還有七府城呢！」於是和珅要司庫任意抽取十幾封，錢南園把每封銀子都打開，封封過秤，結果每封二百兩，一絲不少，而且成色、樣式都符合庫銀的規格。和珅大笑：「我早就說了，不要封封都查，看來國泰沒有什麼問題。」又回頭對錢南園說：「你所劾不實，怎麼向皇上交代呢？」錢南園說：「相爺放心，下官以命相抵。」當晚錢南園來到劉墉的行館，劉墉一見面就說：「怎麼會有這樣的事呢？一點漏洞都沒有。」錢南園說：「相爺放心，國泰挪用幾十萬兩銀子的巨款，不可能幾天之內全部補齊，一定是司庫搗鬼，他抽給我們看的是真正的庫銀，而其他未開封的就不知道是什麼了。」劉墉說：「那你明天再去複查，全部開封。」錢南園說：「相爺高見，下官正是這個意思。」第二天，錢南園率領一隊兵丁又來到濟南府庫，命令將所有庫銀全部開封，結果絕大部分是市面流通的圓絲雜色銀子，只有二三十封是真正的庫銀。錢南園馬上提審司庫。司庫供出是山東藩台于易簡向濟南省城的商人們借來的，要他按庫銀的樣式包好，暫時充數。於是錢南園馬上派人通知各個借銀的商人，要他們將借條帶來，把銀子領回去，過期不領，銀兩充公。不到兩天時間，商人們把銀子都領走了，府庫空空如也。錢南園把情況報告和珅，和珅無可奈何，只好順水推舟，誇獎錢南園辦得好。隨後和珅、劉墉又偕同錢南園檢查了其他七個府的府庫，情況都是一樣。國泰的罪行暴露了，他與藩台于易簡被當作欽犯，用檻車押赴北京刑部大牢，等候處理。

回程經過良鄉，錢南園在驛站內留下的四個士兵，早就把返回的信使拿下了，並在他身上搜出了一封國泰給和珅的回信，內容是感謝和珅對他的關心，同時告訴和珅，他已經在想辦法，做準備。錢南園把這封信和各地商人的借條、司庫的供詞以及國泰挪用國庫的具體數字，都上報給乾隆皇帝。乾隆皇帝下旨將國泰和于易簡兩人處死，但是對和珅，卻被他的巧言騙過，僅僅訓斥了幾句了事。從此以後，和珅對錢南園恨入骨髓，但是因為乾隆皇帝對錢南園印象極好，和珅也就找不到藉口，無法報復了。

6 父子兩代因言招禍

言辭不忍有百害而無一利。言多必失，話一出口，不假思索，匆忙之中妄下結論，所造成的影響，即使用幾百句、幾千句話也是彌補不了、修正不了的。一言既出，駟馬難追。

南北朝時，賀若敦為晉的大將軍，自以為功高才大，不甘心居於同僚之下，看到別人做了大將軍，唯獨自己沒有被晉升，心中十分不服氣，口中多有抱怨之詞，決心好好大幹一場。不久，他奉調參加討伐平湘州戰役，打了個勝仗之後，全軍凱旋，這應該算是為國家又立了一大功吧，他自以為此次必然要受到封賞，不料由於種種原因，反而被撤掉了原來的職務，為此他大為不滿，對傳令史大發怨言。

晉公宇文護聽了以後，十分震怒，把他從中州刺史任上調回來，迫使他自殺。臨死之前，賀若敦對兒子賀若弼說：「我有志平定江南，為國效力，而今未能實現，你一定要繼承我的遺志。我是因為這舌頭把命都丟了，這個教訓你不能不記住呀！」說完後，便拿起錐子，狠狠地刺破了兒子的舌頭，想讓他記住這血的教訓。

光陰似箭，轉眼幾十年過去了，賀若弼也做了隋朝的右領大將軍，他沒有記住父親的教訓，常常為自己的官位比他人低而怨聲不斷，自認為當個宰相也是應該的。不久，能力遠不如他的楊素做了尚書右僕射，而他仍為將軍，未被提拔，他氣不打一處來，不滿的情緒和怨言便時常流露出來。

後來一些話傳到了皇帝耳朵裡，賀若弼被逮捕下獄。皇帝楊堅責備他說：「你這個人有三太猛：嫉妒心太猛；自以為是，自以為別人不是的心太猛；隨口胡說、目無長官的心太猛。」因為他有功，不久也就放了。他還不吸取教訓，又對其他人誇耀他和皇太子之間的關係，說：「皇太子楊勇跟我之間，情誼親切，連高度的機密，也都對我附耳相告，言無不盡。」

後來楊勇在隋文帝那裡失勢，楊廣取而代之為皇太子，賀若弼的處境可想而知。

隋文帝得知他又在那裡大放厥詞，就把他召來說：「我用高潁、楊素為宰相，你多次在眾人面前放肆地說『這兩個人只會吃飯，什麼也不會做，這是什麼意思？』言外之意是我這皇帝也是廢物不成？」賀若弼回答說：「高潁是我的老朋友，楊素是我舅舅的兒子，我了解他們，我也確實說過他們不適合擔任宰相的話。」這時因他言語不慎，得罪了不少人，朝中一些公卿大臣怕受株連，都揭發他過去說的那些對朝廷不滿的話，並聲稱他罪當處死。

隋文帝見了對賀若弼說：「大臣們對你都十分的厭煩，要求嚴格執行法度，你自己尋思可有活命的道理？」賀若弼辯解說：「我曾憑陛下神威，率八千兵渡長江活捉了陳叔寶，希望能看在過去的功勞的分上，給我留條活命吧！」隋文帝說：「你將出征陳國時，對高熲說，『陳叔寶被削平，問題是我們這些功臣會不會飛鳥盡，良弓藏？』高熲對你說，『我向你保證，皇上絕對不會這樣。』是吧？等到消滅了陳叔寶，你就要求當內史，又要求當僕射。這一切功勞，過去我已特別重賞了，何必再提呢？」賀若弼說：「我確實蒙受陛下特別的重賞，今天還希望特別的賞我活命。」此時他再也不攻擊別人了。隋文帝考慮了一些日子，念他勞苦功高，只把他的官職撤消了。

7 石苞坦然面對不公

受到委屈、被人誤解的情況下，最好的辦法就是讓事實說話，讓時間說話。相信經過時間的檢驗，誤解會被事實澄清。

石苞是西晉時期一位著名的將領。晉武帝司馬炎曾派他帶兵鎮守淮南，在他的管區內，兵強馬壯。他平時勤奮工作，各種事務處理得井井有條，在群眾中享有很高的威望。

當時，占據長江以南的吳國依然存在，吳國的君主孫皓也還有一定的力量，他們常常伺機進攻晉朝。對石苞來說，他實際上擔負著守衛邊疆的重任。

在淮河以南擔任監軍的名叫王琛。他平時看不起貧寒出身的石苞，又聽到一首童謠說：「皇宮的大馬變成驢，被大石頭壓得不能起。」石苞姓石，所以，王琛就懷疑：這「石頭」就是指石苞。

於是他祕密地向晉武帝報告說：「石苞與吳國暗中勾結，想危害朝廷。」在此之前，風水先生也曾對武帝說：「東南方將有大兵造反。」等到王琛的密報送上去以後，武帝便真的懷疑起石苞來了。

正在這時，荊州刺史胡烈送來關於吳國軍隊將大舉進犯的報告。石苞也聽到了吳國軍隊將要來進犯的消息，便指揮士兵修築工事，封鎖水路，以防禦敵人的進攻。武帝聽說石苞固守自衛的消息後更加懷疑，就對中將軍羊祜說：「吳國的軍隊每次來進攻，都是東西呼應，兩面夾攻，幾乎沒有例外的。難道石苞真的要背叛我？」羊祜自然不會相信，但武帝的懷疑並沒有因此而消除。湊巧的是，石苞的兒子石喬擔任尚書郎，晉武帝要召見他，可他卻沒有及時去報到，這就更加引起了武帝的懷疑，於是，武帝想祕密地派兵去討伐石苞。

武帝發布文告說：「石苞不能正確預估敵人的勢力，修築工事，封鎖水路，勞累和干擾了老百姓，應該罷免他的職務。」接著就派遣太尉司馬望帶領大軍前去征討，又調來了一支人馬從下邳趕到壽春，形成對石苞的討伐之勢。

王琛的誣告，武帝的懷疑，石苞一點也不知道，到了武帝派兵來討伐他時，他還莫名其妙。但他想：「自己對朝廷和國家一向忠心耿耿，坦蕩無私，怎麼會出現這種事情呢？這裡面一定有嚴重的誤會。一個正直無私的人，做事情應該光明磊落，無所畏懼。」於是，他採納了部下孫鑠的意見，放下身上的武器，步行出城，來到都亭住下，等候處理。

武帝知道石苞的行動以後，頓時驚醒過來，他想：討伐石苞到底有什麼真憑實據呢？如果石苞真要反叛朝廷，他修築好了守城工事，怎麼不做任何反抗就親自出城接受處罰呢？再說，如果他真的勾結了敵人，怎麼沒有敵人前來幫助他呢？想到這些，晉武帝的懷疑一下子打消了。後來，石苞回到朝廷，還受到了晉武帝的優厚對待。

8 蘇東坡栽跟頭

讀不盡者，天下之書；參不盡者，天下之理。寧可懵懂而聰明，不可聰明而懵懂。恃才誇己，輕視他人，最終會被人看輕，落得一個羞愧滿面的下場。

北宋文學家蘇東坡，天資高妙，過目成誦，出口成章，有李太白之風流，勝曹子建之敏捷。官拜翰林學士，在宰相王安石門下做事，王安石很器重他的才能。然而蘇軾自恃聰明，常多譏諷的言辭。一次王安石與他做解字遊戲，論及坡字，坡字「土」從「皮」，於是王安石認為坡乃土之皮。蘇東坡笑道：「如相公所言，滑字乃水之骨也」。王安石心中不悅。又一次，王安石與蘇東坡談及鯢字，鯢字從「魚」從「兒」，合起來便是魚的兒子的意思。蘇東坡又調侃說：「鳩可作九鳥解，詩經上說，『鳴鳩在桑，其子七兮。』就是說鳩有七個孩子，加上父母兩個，不就是九隻鳥嗎？」王安石聽了不再發話，但心中對蘇東坡的輕薄非常反感，不久把他貶為湖州刺史。蘇東坡因言詞巧詐而被貶，實為遺憾。

蘇東坡在湖州做了三年官，任滿回京。想當年因得罪王安石，落得被貶的結局，這次回來應投門拜見才是。於是，便往宰相府來。此時，王安石正在午睡，書僮便將蘇軾迎入書房等候。蘇軾閒坐無事，見硯下有一方素箋，原來是王安石兩句未完詩稿，題是詠菊。蘇東坡不由笑道：「想當年我在京為官時，此老筆數千言，不假思索。三年後真是江郎才盡，起了兩句詩都是不通的。」詩是這樣寫的：「西風昨夜過園林，吹落黃花滿地金。」在蘇東坡看來，西風盛行於秋，而菊花在深秋盛開，最能耐久，隨你焦乾枯爛，卻不會落瓣。一念及此，蘇東坡按捺不住，依韻添了兩句：「秋花不比春花落，說與詩人仔細吟。」待寫下後，又想如此搶白宰相，只怕又會惹來麻煩，若把詩稿撕了，不成體統，左思右想，都覺得不妥，便將詩稿放回原處，告辭回去了。第二天，皇上降詔，貶蘇軾為黃州團練副使。

蘇東坡在黃州任職將近一年，轉眼便已深秋，這幾日忽然起了大風。風息之後，後園菊花棚下，滿地鋪金，枝上全無一朵。東坡一時目瞪口呆，半晌無語。此時方知黃州菊花果然落瓣！不由對友人道：「小弟被貶，只以為宰相是公報私仇。誰知是我的錯。切記啊，不可輕易譏笑人，正所謂經一事長一智呀。」

蘇東坡心中含愧，便想找個機會向王安石賠罪。想起臨出京時，王安石曾託自己取三峽中峽之水用來沖陽羨茶，由於心中一直不服氣，早把取水一事拋在腦後。現在便想趁冬至節送賀表到京的機會，帶著中峽水向宰相賠罪。

此時已近冬至，蘇軾告了假，帶著因病返鄉的夫人由四川進發了。在夔州與夫人分開後，蘇軾獨自順江而下，不想因連日鞍馬勞頓，竟睡著了，及至醒來，已是下峽，再回船取中峽水又怕誤了上京時辰，聽當地老人道：「三峽相連，並無阻隔。一般樣水，難分好歹。」便裝了一瓷罈下峽水，帶著上京去了。

到了京城，先到相府拜見宰相。王安石命門官帶蘇軾到東書房。蘇軾想到去年在此改詩，心下愧然。又見柱上所貼詩稿，更是羞愧，倒頭便跪下謝罪。王安石原諒蘇軾以前沒見過菊花落瓣。待蘇軾獻上瓷罈，讓書僮取水煮了陽羨茶。王安石問水從何來，蘇東坡道：「中峽。」王安石笑道：「又來欺瞞我了，此明明是下峽之水，怎麼冒充中峽。」蘇東坡大驚，急忙辯解道，誤聽當地人言三峽相連，一般江水，但不知宰相何以能辨別。王安石語重心長地說道：「讀書人不可輕舉妄動，定要細心察理，我若不是到過黃州，親見菊花落瓣，怎敢在詩中亂道？三峽水性之說，出於《水經補注》，上峽水太急，下峽水太緩，唯中峽緩急相伴，如果用其來沖陽羨茶，則上峽味濃，下峽味淡，中峽濃淡之間，今見茶色半晌方見，故知是下峽。」蘇東坡敬服。王安石又把書櫥盡數打開，對蘇東坡言道：「你只管從這二十四古櫥中取書一冊，唸上文一句，我答不上下句，就算我是無學之輩。」蘇東坡專挑那些積灰較多，顯然久不觀看的書來考王安石，誰知王安石竟對答如流。蘇東坡不禁折服：「老太師學問淵深，非我晚輩淺學可及！」

9 劉禹錫「好為人師」

劉禹錫一片好心，卻由於過於不客氣，而對方又是極自負之人，弄得貽害無窮。對於那些好為人師者而言，出主意、指點別人當然是好心，但也要注意方法。

唐朝詩人劉禹錫，才富五車，詩名很大，為人爽直，但有時做人不夠圓通，惹來不少麻煩。

當時有個風俗，舉子在考試前都要將自己的得意之作送給朝廷有名望的官員，請他們看後為自己說幾句好話，以提高自己的聲譽，稱之為「行卷」。

襄陽有位才子牛僧孺，這年到京城赴試，便帶著自己的得意之作，來見很有名望的劉禹錫。劉禹錫很客氣地招待了他，聽說他來行卷，便打開他的大作，毫不客氣地當面修改他的文章，「飛筆塗竄其文」。

劉禹錫本是牛僧孺的前輩，又是當時文壇大家，親自修改牛僧孺的文章，對他創作水準的提高是有好處的。但牛僧孺是個非常自負的人，他從此便記恨於心了。

後來，由於政治上的原因，劉禹錫仕途一直很不得意，到牛僧孺成為唐朝宰相時，劉禹錫還只是個小小的地方官。

一次偶然的機會，劉禹錫與牛僧孺相遇在官道上，兩人便一起投店，喝酒暢談。酒酣之際，牛僧孺寫下一首詩，其中有「莫嫌恃酒輕言語，曾把文章謁後塵」之語，顯然對當年劉禹錫當面改其大作一事耿耿於懷。劉禹錫見詩大驚，方悟前事，趕緊和詩一首，以示悔意，牛僧孺才解前怨。

劉禹錫驚魂未定，後對弟子說：「我當年一心一意想扶植後人，誰料適得其反，差點惹來大禍，你們要以此為戒，不要好為人師。」

10 狄仁傑與對手巧周旋

剛直並不是有勇無謀、不知變通，有時候忍耐住剛強直率的性格與對手周旋，是競爭中的良策。相反，以硬碰硬、剛而不柔，只會讓自己吃大虧，最終在人生的旅途上碰得頭破血流。

唐朝武則天專權時，為了替自己當皇帝掃清道路，先後重用了武三思、武承嗣、來俊臣、周興等一批酷吏。她以嚴刑峻法、獎勵告密等手段，實行高壓統治，對抱有反抗意圖的李唐宗室、貴族和官僚進行嚴厲的鎮壓，先後殺害李唐宗室貴戚數百人，接著又殺了大臣數百家；至於所殺的中下層官吏，就多得無法統計了。武則天曾下令在都城洛陽西門設置「匭」（即意見箱）接受告密文書。對於告密者，任何官員都不得詢問，告密核實後，對告密者封官賜祿；告密失實，並不反坐。這樣一來，告密之風大興，無辜被株連者不下千萬，朝野上下，人人自危。

一次，酷吏來俊臣誣陷平章事狄仁傑等人有謀反的行為。來俊臣出其不意地先將狄仁傑逮捕入獄，然後上書武則天，建議武則天降旨誘供，說什麼如果罪犯承認謀反，可以減刑免死。狄仁傑突然遭到監禁，既來不及與家裡人通氣，也沒有機會面奏武后說明事實，心中不由焦急萬分。審訊的日期到了，來俊臣在大堂上宣讀完武后誘供的詔書後，就見狄仁傑伏地告饒。他趴在地上一個勁地磕頭，嘴裡還不停地說：「罪臣該死，罪臣該死！大周革命使得萬物更新，我仍堅持做唐室的舊臣，理應受誅。」狄仁傑不打自招的這一手，反倒使來俊臣弄不懂他到底唱的是哪一齣戲了。既然狄仁傑已經招供，來俊臣將計就計，判了他一個「謀反是實」，免去死罪，聽候發落。

來俊臣退堂後，坐在一旁的判官王德壽悄悄地對狄仁傑說：「你也可再誣告幾個人，如把平章事楊執柔等幾個人牽扯進來，就可以減輕自己的罪行了。」狄仁傑聽後，感嘆地說：「皇天在上，后土在下，我既沒有幹這樣的事，更與別人無關，怎能再加害他人？」說完，一頭向大堂中央的頂柱撞去，頓時血流滿面。王德壽見狀，嚇得急忙上前將狄仁傑扶起，送到旁邊的廂房裡休息，又趕緊處理柱子上和地上的血漬。狄仁傑見王德壽出去了，急忙從袖中抽出手絹，蘸著身上的血，將自己的冤屈都寫在上面，寫好後，又將棉衣裡子撕開，把狀子藏了進去。一會兒，王德壽進來了，見狄仁傑一切正常，這才放下心來。

狄仁傑對王德壽說：「天氣這麼熱了，煩請您將我的這件棉衣帶出去，交給我家裡人，讓他們將棉絮拆了洗洗，再替我送來。」王德壽答應了他的要求。狄仁傑的兒子接到棉衣，聽說父親要他將棉絮拆了，就想：這裡面一定有文章。他送走王德壽後，急忙將棉衣拆開，看了血書，才知道父親遭人誣陷。他幾經周折，託人將狀子遞到武則天那裡，武則天看後，弄不清到底是怎麼回事，就派人把來俊臣召來詢問。來俊臣作賊心虛，一聽說太后要召見他，知道事情不好，急忙找人偽造了一張狄仁傑的「謝死表」奏上，並編造了一大堆謊話，將武則天應付過去。

又過了一段時間，曾被來俊臣妄殺的平章事樂思晦的兒子也出來替父申冤，並得到武則天的召見。他在回答武則天的詢問後說：「現在我父親已死了，人死不能復生，但可惜的是太后的法律卻被來俊臣等人給玩弄了。如果太后不相信我說的話，可以吩咐某人假造一篇您平時信賴的一個忠厚清廉的朝臣謀反的狀子，交給來俊臣處理，我敢擔保，在他酷虐的刑訊下，那人沒有不承認的。」武則天聽了這話，稍稍有些醒悟，不由想起狄仁傑一案，忙把狄仁傑召來，不解地問道：「你既然有冤，為何又承認謀反呢？」狄仁傑回答說：「我若不承認，可能早就死於嚴刑酷法了。」武則天又問：「那你為什麼又寫『謝死表』上奏呢？」狄仁傑斷然否認說：「根本沒這件事，請太后明察。」武則天拿出「謝死表」核對了狄仁傑的筆跡，發覺完全不同，才知道是來俊臣從中做了手腳，於是下令將狄仁傑釋放。

11 蹇叔哭師

在紛紜變幻的世界中，人應該有種權變的意識和手段，應該善於吸納他人的意見，這樣才會耳聰目明。那些固執己見，自我封閉，一意孤行，只管按自己的思路去行事的人，最終只會陷入兩難的境地，甚至走上絕路。

晉文公和秦穆公聯合圍攻鄭國國都，晉軍駐紮在函陵，秦軍駐紮在氾南。在危急關頭，鄭國大夫燭之武充分利用秦晉之間的矛盾，用繩子捆了自己，在晚上偷偷去見秦穆公。燭之武慷慨陳詞，分析形勢，引用史事，骨子裡是為了保全鄭國，表面上卻處處為秦國打算。秦穆公聽了很高興，便和鄭國訂立盟約，派杞子等人駐守鄭國，自己便撤兵回國了。

過了兩年多，晉文公一死，秦穆公野心勃勃，想來鄭攻晉，稱霸中原。恰好這時候，杞子從鄭國派人報告秦穆公說：「鄭人叫我掌管北門的鑰匙。假如祕密派軍隊前來，就可以占領鄭國。」

秦穆公喜不自禁，拿這件事去徵詢蹇叔的意見。不料蹇叔卻說：「使軍隊受到很大消耗去襲擊遠方的國家，我沒有聽說過。行軍疲勞，力量消耗，遠方的國家已有防備，這恐怕不可行吧？軍隊的行動，鄭國一定會知道的。秦軍勞苦了而毫無所得，士兵就會產生叛逆作亂的心思。再說行軍千里，哪有可能不被知道呢？」

秦穆公利令智昏，根本聽不進蹇叔的意見，於是召見孟明、西乞、白乙叫他們從東門出兵。

蹇叔哭著說：「孟明啊，我看見軍隊出去卻見不到他們回來了！」秦穆公打發人對他說：「你知道什麼！你要是只活到中壽就死掉，現在你墓上的樹木也有兩手合抱那麼粗了。」完全不把蹇叔當一個德高望重的老臣看待。

蹇叔的兒子參加了這支軍隊，蹇叔邊哭邊送他，說：「晉人必定在殽山攔擊秦軍，那兒有兩座大山，那南邊的大山是夏代君王皋的墳墓；那北邊的大山曾是周文王避風雨的地方。你必定死在這中間，我到那裡去收你的屍體吧！」

秦穆公一意孤行，秦國的軍隊堅持向東進發。秦軍長途跋涉，鄭國早有覺察，秦軍偷襲鄭國不成，便滅了滑國回師。秦軍行至殽山，果然不出蹇叔所料，遭到晉國的攔擊，秦軍被打得全軍覆沒。

第二章　功成名就的要訣

一個想真正成就一番事業的人，志存高遠，不以一時一事的順利和阻礙為念，也不會為一時的成敗所擾，面對困難、挫折，必然會發憤圖強，艱苦奮鬥，去實現自己的理想，成就功業。

12 宋濂不懼艱苦

艱苦的生活對人是一種磨練，是對意志品質的考驗，也是培養自己遠大理想和浩然正氣的途徑。只要能夠忍受住這種生活的艱苦，也就不怕前進道路上的任何障礙了。

宋濂字景濂，明朝初年浦江人。官居學士，主修《元史》，參加了明初許多重大文化活動，參與了明初制定典章制度的工作，頗得元太祖朱元璋的器重，被人認為是明朝開國大臣之中的佼佼者。

宋濂年幼的時候，家境十分貧苦，但他苦學不輟。他自己在《送東陽馬生序》中講：「我小的時候非常好學，可是家裡很窮，沒有什麼辦法可以找到書看，所以只能向有豐富藏書的人家去借來看。因為沒錢買不起，借來以後，就趕快抄錄下來，每天拚命地趕時間，計算著時間到了好還給人家。」正是這樣，他才得到了豐富的學識。

有一次天氣特別寒冷，冰天雪地，北風狂呼，以至於硯台裡的墨都凍成了冰，家裡窮，哪裡有火來取暖？宋濂手指凍得都無法屈伸，但仍然苦學，不敢有所鬆懈，借來的書堅持要抄好後送回去。抄完了書，天色已晚，無奈只能冒著嚴寒，一路跑著去還書給人家，一點都不敢超過約定的還書日期。因為誠實守信，所以許多人都願意把書借給他看，他也就因此能夠博覽群書，增加見識，為他以後成材奠定了基礎。

面對貧困、饑餓、寒冷，宋濂不以為意，不以為苦，而他所追求的是成大業，努力向學。到了二十歲，他成年了，就更加渴慕聖賢之道，但是也知道自己所在的窮鄉僻壤缺乏名士大師，於是不顧疲勞，常常跑到幾百里以外的地方，去找自己同鄉中那些已有成就的前輩虛心學習。有一位同鄉位尊名旺，他那裡來往的名人很多，名氣也很大，有不少人到他那裡學習，他的言辭和語氣很不客氣，一副盛氣凌人的樣子。宋濂就侍立在他旁邊，手裡拿著儒家經典向他請教。他俯下身子，側耳細聽，唯恐落下什麼沒有聽明白。有時候，這位名氣很大的同鄉，對他提出的問題不耐煩了，大聲斥責他，他則更加恭敬，禮節愈加地周到，連一句話也不敢說。看到老師高興的時候，他又去向老師虛心請教。他還自謙地說：「我雖然很愚笨，但也學到了許多東西。」

後來他覺得這樣學習不是長久之計，於是就到學校裡拜師學習。一個人背著書箱，拖著鞋子，從家裡出來，走在深山之中，寒冬的大風，吹得他東倒西歪，數尺深的大雪，把腳上的皮膚都凍裂了，鮮血直流，他也沒有知覺。等到了學館，人幾乎凍死，四肢僵硬得不能動彈，學館中的僕人拿著熱水把他全身慢慢地擦熱，用被子蓋好，很長時間以後，他才有了知覺，暖和過來。

為了求學，宋濂住在旅館之中，一天只吃兩頓飯，什麼新鮮的蔬菜，美味的魚肉都沒有，生活十分艱辛。和他一起學習的同學們一個個身穿華服，戴著有紅色帽纓、鑲有珠寶的帽子，腰裡佩著玉環，左邊佩著寶刀，右側帶著香袋，光彩奪目，像神仙下凡一樣，但是宋濂認為那不是快樂，絲毫沒有羨慕他們，照樣刻苦學習，因為學問中有許多足以讓他快樂的東西，那就是知識。他根本沒有把吃得不如人，住得不如人，穿得不如人這種表面上的苦當一回事。

正是宋濂能忍受窮苦，自得其樂，才能成就一番事業。他的那些同學一個個生活得很快樂，又有幾人名留青史呢？

13 司馬遷成一家之言

「行百里者半九十」，「靡不有初，鮮克有終」，古人的這些遺訓告誡世人，立志不難，難的是矢志不移。

堅強的毅力是成功者的必備要素。矢志不移，事終成。

西元前一〇四年，司馬遷著手編寫中國的第一部紀傳體通史。正當司馬遷專心著述的時候，大禍從天而降。

西元前九九年，漢將軍騎都尉李陵奉命率領五千步兵出擊匈奴，不幸被匈奴八萬騎兵包圍，經過幾個晝夜的激戰，李陵得不到漢武帝愛妃的長兄李廣利所率領的主力部隊的後援，結果因箭盡糧絕，寡不敵眾，戰敗投降。

漢武帝為戰敗之事非常生氣。漢武帝問司馬遷對此事有何看法，司馬遷認為：敵我兵力懸殊，李陵以少數兵力，轉戰千里，後無援兵，殺傷敵兵近萬。這樣英勇，古代名將也不過如此。他雖然力竭投降，還是有可能找機會立功報答國家的。

司馬遷的話其實是在指責李廣利沒有盡到他的責任。不料，漢武帝認為這些話是為李陵開脫，盛怒之下，立即下令把司馬遷丟入了監牢，並處以死刑。

按漢朝的法律，死刑有兩種減免的辦法，一是用五十萬錢來贖罪，一是受「腐刑」。司馬遷是個小小的史官，家裡很窮，拿不出錢來贖罪，只好接受了這種對人肉體上、精神上最殘酷的摧殘，以及對人格的極大侮辱。為此，司馬遷痛不欲生，幾次想自殺，一死了之。但是，他顧及到《史記》尚未完成，便隱忍苟活，成一家之言，以實現父親的夙願和自己的理想。

他忍辱負重，矢志不移，終於在西元前九三年完成了千古不朽的名著——《史記》。

14 范雎裝死免禍

人的一生中，不可能什麼事情都是一帆風順的，總會遇到各種各樣的困難、挫折，無論是來自自身的，還是來自外界的，都在所難免。能不能忍受一時的不順利，承受得住困難、挫折的考驗，往往決定了一個人是否能成就大的事業。

范雎是戰國時魏國人，著名的謀士。他擅長辯論，多謀善斷，而且胸懷大志，有意開拓一番事業。但是，他出身寒微，無人替他向最高權力階層引薦，不得已只能先在魏國大夫須賈的府中任事。

一次，須賈奉魏王之命出使齊國，范睢做為隨從一同前往。齊國國君齊襄王早已知道范睢有雄辯之才，因此，范睢到了齊國後，齊襄王便差人攜金十斤及美酒贈與范睢，以表示他對智士的敬意。范睢對此深表謝意，卻未敢接受齊襄王的贈禮。即使如此，范睢還是招來了須賈的懷疑。須賈執意認為，齊襄王送禮給范睢，是因為他出賣了魏國的機密。

須賈回國之後，將「范睢受金」的事告知魏國的相國魏齊。魏齊不辨真假，也不做調查，便動大刑杖懲范睢。范睢在重刑之下，肋骨被打斷，牙齒脫落。他蒙冤受屈，申辯不得，只好裝死以求免禍。范睢已「死」，魏齊讓人用一張破蓆捲起他的「屍體」，放在廁所之中，然後指使宴會上的賓客，相繼便溺加以糟蹋，並說這是警告大家以後不得賣國求榮。

這可真是飛來橫禍。遭受這麼大的打擊和侮辱，幾乎使范睢一命嗚呼，但為了保全自己，范睢忍受了這一切難以忍受的摧殘和折磨。

范雎平白無故地受了一場肌膚之苦和人格之辱，一腔效命魏國的熱忱也隨之化作了灰燼。他決定離開魏國，另謀一處顯身揚名的地方。為了脫身，范雎許諾廁所的看守者，如能放他逃出去，日後必當重謝。看守者利用魏齊醉後神智不清，故趁亂請示了一下，詭稱將范雎的「屍體」拋向野外，藉此將他放了出去。范雎在一個叫鄭安平的朋友的幫助下，逃亡隱匿起來，並改名為張祿。

就在范雎忍辱求全、隱身民間的時候，秦國一個叫王稽的使節來到魏國。秦國此時國力強盛，且虎視眈眈，有兼併六國的雄心。鄭安平得知秦使王稽來到魏國，便扮成吏卒去侍奉王稽，目的是想尋找機會向他推薦范雎。一天，王稽在下榻的館舍向鄭安平打聽，魏國有沒有願意與他一塊西去秦國的賢才智士，鄭安平便不失時機地向王稽陳說范雎的才幹。王稽當下決定於日暮時分，在館舍與范雎見面。

日暮時分，鄭安平帶范雎來到王稽館舍。范雎面對王稽，侃侃而談，條分縷析，議論天下大事。一席話還未談完，其才情智慧已使王稽信服，王稽決定帶范雎入秦。

王稽使事結束，便辭別魏王，私下帶著范雎歸秦。他們一路快趕，來到秦國境內的京兆湖縣時，只見對面塵土揚起之處，一隊車騎奔馳而來，范雎忙問王稽道：「對面來的是什麼人？」王稽注目望了望，轉身告訴范雎，來的是秦國相穰侯魏冉。范雎一聽便說：「據我所知，穰侯長期把持秦國的大權，厭惡招納別的諸侯國的客卿入秦。我看，我與他見面，只會招致他的侮辱，請您還是把我藏在車中，不見為好。」正說著，魏冉的車騎已到。魏冉向王稽說了一番撫慰他出使辛苦的客套話之後，果然不出范睢所料，接著詢問王稽：「使君出使歸秦，有沒有帶別國客人來啊？這樣做，於我們秦國沒有好處，只會添加麻煩！」王稽見這種情形，心中暗自佩服范睢的先見之明，趕忙答道：「不敢。」魏冉看了看王稽，即示意馭手啟車繼續前行。

聽到魏冉一行離去的車馬聲，范睢這才從車中探出身來，望著漸漸遠去的魏冉背影，心中沉思：「我聽說魏冉是一個聰明人。剛才他已經懷疑車中有人，只是決心下慢了，忘記搜索而已。」范睢一念及此，當即斷然對王稽說：「魏冉此去，必然會後悔，非派人返回搜索使君的車輛不可。我還是下車避一下為好！」說完，范睢便跳下車，往道旁小徑走去。王稽按轡緩行，以待步行的范睢。方才走了十多里，只聽見身後一陣雜沓而急促的馬蹄聲響，魏冉遣回的騎卒已經趕了上來，將王稽的車馬緊緊圍住，一陣快搜慢檢，見車中確實沒有外來的賓客，方才縱馬而去。

騎卒遠去，大道清靜。范睢從小路閃出，與王稽相顧一笑，上車策馬，往秦都咸陽的方向急駛而去。

范雎裝死逃出魏國，智避魏冉取得信任。秦昭王採用范雎的謀略，對內加強了秦國的中央集權，對外使用遠交近攻的霸業方略，使秦國對列國的壓力再度加強。秦昭王因此任命范雎為秦相國，封為應侯。

15 東方朔「自我推銷」

有人把勇於表現自己的膽識與才華和「出風頭」聯繫在一起，這顯然過於片面。要想讓別人看重自己，必須放棄「薄薄的面子」，更新觀念，大膽地推銷自己。

在西漢時期，漢武帝身邊有個大臣叫東方朔，頭腦聰明，言辭流利，又愛說笑話，當時人稱他為滑稽派。

漢武帝剛即位就下了一道詔書，叫各郡縣推舉品行端正、有學問才能的人，當時有上千人應徵。這些人上書給皇帝，多半是議論國家大事，賣弄自己的才能，其中不少建議皇帝看不上，提建議的人也就沒被錄取。東方朔的上書卻半開玩笑半認真地說自己博學多才，聰明過人，怎麼身材高大，五官端正，怎麼勇敢靈活，正派守信，最後說：「像我這樣的人，真該當皇上的大臣了。」漢武帝看這份上書與眾不同，有些意思，就讓他待詔公車。東方朔雖然被留在了長安，但薪水很少，也見不著皇帝。

過了些日子，東方朔想出了讓皇帝注意他的點子來。當時皇宮裡有一批替皇帝養馬的侏儒，東方朔騙他們說：「皇上說你們這些人一不能種田，二不能治國，三不能打仗，對國家沒一點用處，準備把你們全殺了呢。」侏儒們都嚇得哭起來。東方朔又教他們：「皇上要是來了，你們趕快去磕頭求饒。」不久，漢武帝路過馬廄，侏儒們都號啕痛哭，跪在武帝的車子前連連磕頭。武帝覺得奇怪，問道：「你們做什麼？」侏儒們回答：「東方朔說您要把我們全殺了。」漢武帝知道東方朔鬼點子多，就把他叫來責問：「你為什麼要嚇唬侏儒？」東方朔說：「侏儒身高不過三尺多，每個月有一袋糧食，二百四十錢。我東方朔身長九尺多，也只有一袋糧食、二百四十錢。侏儒們會撐死，我卻會餓死。皇上要覺得我不行，就放我回家，別留著我在這裡吃白飯。」武帝聽了哈哈大笑，讓他待詔金馬門。待詔金馬門比待詔公車的地位高，他也就漸漸地能接近皇帝了。

16 蘇武牧羊

蘇武忍受苦難，終名垂青史。對於苦難，古人張載曾有過這樣的議論：「富貴福澤，將厚吾之生也；貧賤憂戚，庸玉汝於成也。」這是告訴我們，人生中艱難困苦在所難免，應該以艱苦的環境來磨練自己，不畏艱苦，激勵自己奮發進取。

蘇武，西漢武帝時中郎將。西元前一〇〇年，漢武帝任蘇武為漢朝正使，護送匈奴使節回國。蘇武到達匈奴國完成皇命後，正準備起程回漢時，發生了一次意外事件。匈奴緱王和漢朝叛使衛律手下的虞常正在策劃叛亂，準備聯絡衛律投降匈奴時所帶來的原漢朝兵將，劫持匈奴單于的母親，逃回漢朝。虞常十分忠心於漢朝，痛恨衛律叛國求榮的可恥行徑，蘇武和張勝出使匈奴，虞常很高興，虞常在漢朝時就和張勝經常來往。虞常祕密地找到張勝說：「聽說漢武帝十分痛恨叛國的衛律，我可以暗地裡埋伏人除掉他。我的母親和弟弟都在漢朝，萬一我發生不測，希望你回漢後能夠照顧他們。」張勝同意了虞常的計謀，並給了虞常一些錢物，支持虞常的行動。不料虞常被人告發，單于發兵追捕，緱王等人被殺，虞常被活捉。

事情敗露後，張勝擔心與虞常密談的話洩露，受到牽連，就將與虞常的事情告訴了蘇武。蘇武說：「事情已經到了這般地步，你才告訴我，看來我也難免受到連累，我是代表漢朝出使匈奴的，如果我受到了凌辱，就等於是漢朝的恥辱，辜負了皇帝對我的信任，不如早些死了好。」說完拔劍刺向頸部。常惠等人急忙拉住蘇武，搶下佩劍。虞常在受審時，承受不住衛律的酷刑，不得已說出了張勝。單于聽到漢使張勝參與刺殺活動，大怒，準備殺死張勝和蘇武。匈奴左伊秩訾勸阻說：「處死漢使未免過分了，他們不過是想謀殺衛律，應該讓他們全部投降。」單于命令衛律召見蘇武。衛律向蘇武說明了單于的旨意，等待蘇武的回答。蘇武說：「我出使匈奴，是為了漢匈和好，如今讓我投降，玷汙了使命，縱然活著，還有什麼臉面回國呢！」說完拔出劍向胸膛刺去。衛律大驚失色，急忙上前抱住蘇武。他見蘇武已經身受重傷，便趕快召來巫醫，進行一番救治。過了很長時間，蘇武才甦醒過來。常惠等人痛哭著將蘇武抬回營帳。

蘇武忠貞不屈、視死如歸的氣概，單于深感欽佩，更希望能勸降蘇武，為匈奴效命，早晚都讓人去問候，以此軟化蘇武。

蘇武恢復健康後，單于命令衛律審問虞常和張勝，並將蘇武帶去聽審，想藉機逼降蘇武。在審問中，衛律將虞常當堂殺死，蘇武鎮定自若地說：「只要你有膽量敢殺漢朝正使，我並不怕殺，請殺吧。」衛律見以死相脅，並未奏效，於是換上一副笑臉說：「你如果知趣的話，我勸你還是早些投降吧。你看我自從棄漢歸順匈奴後，不但得到了單于的重用，被封為王，手下有了幾萬人馬，而且牛羊遍山，過著富貴的生活。你如果今天歸順了匈奴，明天就會和我一樣富貴榮華。不然的話，白白死在這草莽荒野，有誰知道你的忠心呢？」聽完衛律的一派胡言，蘇武怒罵道：「你身為漢朝使臣，卻忘恩負義，背叛君王和國家，像你這種無恥之徒，我再也不想見你！你依仗單于的信任，隨意殺人，從中撥弄是非，挑唆漢朝和匈奴相鬥，卻幸災樂禍，真是無恥之極。」

蘇武面對威脅利誘，始終恪守為臣之道，忠君愛國，保持自己高尚的氣節。所以儘管衛律使盡了各種手段，終未能使蘇武有絲毫動搖，無奈，只好回報單于。單于聽說蘇武如此堅貞不屈，就越想得到蘇武，於是命人將蘇武關到一個大地窖裡，不給飲食，想以肉體的折磨迫使蘇武屈服。匈奴國的氣候很寒冷，北風夾著大雪呼嘯不止。蘇武躺在地窖裡，渴了吃一把雪，餓了就吞吃氈毛，居然活了幾天沒有死。蘇武在如此惡劣的環境中，沒有飲食，還能活下來，使匈奴人感到很驚奇，以為蘇武是神派來的。單于對蘇武無可奈何，於是將蘇武流放到北海牧羊，並對蘇武說：「等到公羊生下了小羊，就送你回漢朝。」蘇武十分明白單于的用意，是決意不會放自己回漢朝的。

北海是一片原始大地，千里沒有人煙，氣候異常寒冷，積雪常年覆蓋，鳥獸罕至，蘇武來到北海後，沒有糧食，沒有飲水，餓急了就挖鼠洞，將洞中的草根、野果取出充饑。蘇武手持節杖放羊，晝夜不肯放下象徵漢使身分的節杖。時間長了，節杖上的旄、毛全部脫落，蘇武仍然不肯丟掉。就這樣，蘇武伴著節杖和羊群，在這荒無人煙、與世隔絕的北海，度過了艱難漫長的歲月。

蘇武在北海期間，曾經和蘇武在一起擔任過漢武帝侍中的李陵，投降了匈奴。李陵很想去探望蘇武，又怕單于怪罪，後來單于聽說李陵和蘇武有過交情，就派李陵去北海勸降蘇武。李陵來到北海後，對蘇武說：「單于一直在等待你回心轉意。你今生今世恐怕再難回到漢朝了，在這萬里荒原之中白白受苦，又有誰知道你的忠義呢？近些年來，皇帝年事已高，總是做出反覆無常的事來，大臣中沒有什麼過錯就被滅族的有幾十人，你還為誰效忠呢？希望你能聽我的勸說，不要再推辭了。」蘇武說：「我心甘情願以身報國，如果單于一定要我投降，那麼，我只有一死以示忠心了。」最後，李陵沒有辦法說服蘇武，只好告別了他，離開北海。

此後，李陵讓妻子給蘇武送去過幾十頭牛羊，表示與蘇武的舊情不忘。李陵再次到北海看望蘇武時，告訴他皇帝死了，蘇武聽後，面向南方大聲痛哭，一連哭了幾個月。

漢昭帝即位後，又過了幾年，匈奴又向漢朝表示恢復和親，漢朝要求匈奴放回蘇武等人，匈奴謊稱蘇武已經死了。後來漢朝又派使者去匈奴，常惠設法買通了看守他的匈奴兵，趁著黑夜，去會見了漢朝使者，將蘇武被囚的全部情況告訴了使者，並獻計告訴使者如何揭穿單于的欺騙。

第二天，漢朝使者面見單于，又提出了放回蘇武的要求。單于說：「這件事我早已告訴你們，蘇武已經死了。」漢使者說：「你們明明是不講信譽在欺騙我們，我們皇帝在打獵的時候，射中了一隻雁，雁的一腳上繫有一條綾綢，是蘇武寫給皇帝的信，信中說被囚到北海牧羊，怎麼是死了呢？」單于聽後，大吃一驚，只好說實話，並立即派人去北海將蘇武接回來，送蘇武回漢朝。

西元前八一年春天，蘇武帶著剩下的九個人回到了漢朝京城長安。漢昭帝下令，為蘇武準備了牛、羊等大批祭物，拜祭了漢武帝的靈位，將節杖交還到漢武帝靈前。

蘇武出使匈奴時，年齡不過四十幾歲，經過十九年的磨難，頭髮已經全白了。蘇武忍屈受辱，忠貞不屈，永不失節的感人事跡，震撼了朝野，漢朝的百姓、官員，提起蘇武都敬佩之至。忠臣之道，傳頌千年。

17 呂不韋捨小利謀大利

呂不韋是個大商人，他在趙國遇到了做為人質的秦國公子子楚，挾為奇貨，為了使自己的計劃實現，他確實損失了一筆財富，但不失小利，又怎麼能換取更大的利益？呂不韋可謂聰明絕頂。

呂不韋是戰國時期的大商人。他將從西方運來的各國寶物和產品做大規模的交易，往來中國各地，而成為富豪。

有一天，他想：自己經商成功，如果再繼續做下去也沒有什麼意義，應該做些買賣以外的大事情。他開始關心政治。「如果能當個成功的政治家，就能操縱國事，倘若順利，天下就是自己的，比起賣命經商，一定更有趣。」終於，他下定決心從政。

因為他來往各地，注意收集天下的情報，戰國時代各國政情都在自己的掌握之中。戰國七雄中最強的是秦國，不久的將來，秦國會統一天下，所以要先設法在秦國謀求一個職位。

當時的秦王是高齡的昭王，但實權是在太子安國君手上，而太子歲數也不小了。因此，稱霸天下的君王，必須在安國君的二十多個兒子中選一個。

呂不韋在安國君的二十幾個兒子中，終於發現了一個人，就是在趙國邯鄲當人質的異人。

異人是眾兄弟中境遇最不好的。秦國當然有攻打趙國的計劃，如果關係惡化，人質就有被殺的命運，不過呂不韋卻把他當作目標，因為在逆境中的人，更能磨練出才智，而且也最容易接近。

呂不韋在邯鄲有房子，還有一個自己十分寵愛的叫趙姬的舞伎。呂不韋試著接近過著寂寞的人質生活的異人，並贈送五百金，勸他用這些錢招待來訪的邯鄲名士，打入社交界。

受到招待的名士，對於在異國當人質而有廣闊胸襟的異人十分敬佩，透過他們之口，異人的名聲開始傳到了各國。呂不韋也叫人散布：「在趙國當人質的秦國王孫異人，是個傑出的人物。」

當然，這些話在秦國也流傳著。呂不韋又選準一個時機到了秦國，得以見到了秦王太子安國君寵妃華陽夫人。

呂不韋告訴她，異人是個傑出的才子，很想念家鄉，又說一些他尊敬父王安國君，把華陽夫人當成母親一般敬仰的好話。他終於說動了華陽夫人，收異人為養子，使異人在眾兄弟中最接近王位。

隨後，呂不韋又把懷了自己孩子的寵姬讓給了異人。

不久，趙姬生下一子，取名政。

政就是後來的秦始皇。

政出類拔萃，年幼時就察覺出自己的身世祕密。

政還是嬰兒時，秦國攻打趙國，包圍邯鄲。呂不韋以六百斤黃金買通宮役，幫助將要被處死的人質異人逃出了邯鄲。趙姬和政被留在趙國。趙國要殺趙姬和政，由於趙姬娘家是趙國豪族，而且呂不韋從中協調，趙姬和政倖免於死。

六年後，秦昭王死，太子安國君繼承王位。這時，華陽夫人已認異人為親生子，改名子楚，並被立為太子。安國君的健康狀況不佳，即位後一年就死了。

太子子楚即位，是為莊襄王。呂不韋的計劃終於實現了，以最低價買來的人，成了超級大國秦國的國君。

莊襄王任呂不韋為宰相，封為文信侯，封他洛陽十萬戶的領地，於是呂不韋以前所投資的金錢全都收了回來。

18 劉備隱志

一個有才幹、有志向的人，在無職無權的情況下，不要爭出風頭、處處顯示自己，也不要爭功好勝、過剛過直，而應埋頭實幹，等待適合自身發展的時機。

三國時的劉備，在沛城被呂布打敗了之後，失去了棲身之地，只好投靠曹操。後來，曹操把劉備帶到許昌，目的是要控制劉備。劉備既不甘在曹操之下，又怕曹操知道自己心懷大志，加害於己，便在屋後開墾了一個菜園，自己澆灌。突然有一天，曹操請劉備赴宴。酒至半酣，忽烏雲密布，驟雨將來。曹操看著天外龍掛（閃電）說，龍能大能小，能升能隱，與人相比，發則飛昇九天，如世之英雄。而後問劉備，今世英雄有誰？劉備說了袁術、袁紹、劉表等人，曹操卻笑著搖頭說：「夫英雄者，胸懷大志，腹隱良謀。有包藏宇宙之機，吞吐天地之志。」劉備忙問誰是這樣的英雄。曹操以手先指劉備，後指自己說：「方今天下，英雄只有使君與我罷了。」劉備聽操此言，心裡一驚，手中的匙箸都掉在地上。正巧霹靂連聲，大雨驟至。曹操問劉備，為什麼箸子掉了。劉備說：「聖人云『迅雷風烈必變』。一震之威，乃至於此。」曹操說：「雷乃天地陰陽擊搏之聲，何為驚怕？」劉備說：「我從小害怕雷聲，一聽見雷聲，只恨無處躲藏。」曹操冷笑一聲，誤以為劉備是個無用之人。事後劉備對關羽、張飛說：「我在後園種菜，是想讓曹操知道我是無用之徒；失手落箸，是怕曹操說我也是英雄；我說怕雷，使曹操視我如小兒，就不會把我放在心上了。」

後來劉備請領一軍，截擊袁術，曹操答應了。劉備星夜收拾軍器鞍馬，掛了將軍印，催督上路。關羽、張飛問劉備此行為何這樣慌忙，劉備說：「吾乃籠中鳥、網中魚，此一行，如魚入海，鳥上青霄，不受羅網中之羈絆也。」曹操謀士郭嘉聽說曹操讓劉備進兵徐州，急對曹操說：「劉備有雄才，又得民心，非久為人之下者，其謀不可測也。今以兵與之，如虎添翼也。」曹操曰：「吾觀劉備閒來種菜，醉後怕雷，不是個成大事的人，有什麼可憂慮的。」事後曹操轉念一想，才知上了劉備的當，可惜為時已晚。

19 在倉還是在廁

偉大的目標將充分發掘你身上無窮的潛力。正如高爾基所說：「目標越遠大，人的進步越大。」想想自己是「在倉」還是「在廁」，能否尋求到更廣闊的生存空間？

李斯是秦朝的丞相，輔佐秦始皇統一並管理全國，立下汗馬功勞。可少有人知，李斯年輕時只是一名小小的糧倉管理員，他的立志發奮，竟然是因一次上廁所的經歷。

那時，李斯二十六歲，是楚國上蔡郡府裡的一個看守糧倉的小文書。他的工作是負責倉內糧食進出的登記，將一筆筆斗進升出的糧食進出情況，認真記錄清楚。

日子就這麼一天天過著，李斯不能說完全渾渾噩噩，但也沒覺得這有什麼不好。直到有一天，李斯到糧倉外的一個廁所解手，一件極平常的小事，竟改變了李斯的人生態度。

李斯進了廁所，尚未解手，卻驚動了廁內的一群老鼠。這群在廁所內安身的老鼠，個個瘦小乾枯，探頭縮爪，且毛色灰暗，身上又髒又臭，讓人覺得噁心至極。

李斯看見這些老鼠，忽然想起了自己管理的糧倉中的老鼠。那些傢伙，一個個吃得腦滿腸肥，皮毛油亮，整日在糧倉中大快朵頤，逍遙自在。與眼前廁所中這些老鼠相比，真是天上地下啊！

人生如鼠，不在倉就在廁，位置不同，命運也就不同。自己在這個小小的上蔡城的小倉庫中，做了八年的小文書，從未出去看過外面的世界，不就如同這些廁所中的小老鼠一樣嗎？整日在這裡掙扎，卻全然還不知有糧倉這樣的天堂。

李斯決定換一種活法，第二天他就離開了這個小城，投奔一代儒學大師荀況，開始了尋找「糧倉」之路。二十多年後，他把家安在了秦都咸陽的丞相府中。

20 裴略入仕

生活中往往有這樣的情況：不是機會來找人，而是人去找機會。但找到機會也要敢於把握機會，以靈活的方式和執著的態度，實現自己的目的，否則也是徒然。裴略會找機會，且又巧妙地牢牢把握住了機會，因而達到了目的。

裴略出身高級官員之家，得以成為唐太宗時期的一個宮廷侍衛。他頭腦靈活，為人機警，當了兩年多的宮中侍衛，長了很多見識，也認識了許多朝廷大臣。

這一年，裴略參加了兵部主持的武官考試。考完後，裴略自我感覺不錯，覺得很有把握被錄取。誰知到了開榜之日，裴略竟名落孫山。氣惱之極，他想去找宰相溫彥博申訴，或許能爭得一個轉折的機會，反正是死馬當活馬醫，成功了是意外，不成功也無所失，裴略抱著這樣的心理去見溫宰相。

裴略是宮中侍衛，沒費什麼周折，便進入宰相官邸。正巧，兵部尚書杜如晦也在溫家，二人在客廳飲茶交談，已有一會兒了。

裴略一見杜如晦也在，感到來得不是時候，上前施禮後，便臨時改換了一個話題。裴略彬彬有禮地對溫、杜二人說：「我在宮中工作了幾年，長了不少見識，我覺得自己能明辨事理，記憶力極好，尤其對語言特別敏感，別人說一段話，我能一字不漏地複述下來，如果在朝廷做個通事舍人，我相信是非常稱職的。」

溫彥博一聽，笑了起來，心想：真是一個自命不凡的人。他看了看杜如晦，見他沒有開口說話的意思，便對裴略說：「太宗皇帝愛才惜才，古今少有，但皇上量才錄用，視能授職，要通過一定的考試程序。前不久，兵部主持的考試，就是為了選拔人才，你參加了這次考試嗎？」

裴略說：「我不但參加了，而且考得很好，但也許是考官們那天喝多了酒，醉眼昏花，錄取時把我的名字給弄丟了。」

溫彥博哈哈大笑，對杜如晦說：「你看，有人到這兒來告你兵部的狀了。」

杜如晦從容說道：「我真希望有人能對我們兵部的工作提出意見。不過，評卷、複查，手續完備，至今尚未聽說過有什麼偏差。年輕人，你考得也許是不錯，但別人考得更不錯哩。這次沒被錄取，下次再考嘛。」裴略一聽，心裡涼了半截。杜如晦接著又說：「看你這樣能說會道的，你還有何才能？」

裴略一聽，隨即轉憂為喜，馬上大聲說：「我會寫詩作賦，不信，您出題試試？」

溫彥博抬頭看到院子通道兩旁的數枝翠竹，於是對裴略說：「你就以竹為題，賦詩一首吧。」

裴略低頭略一思索，一首詩脫口而出：

庭前數竿竹，風吹青蕭蕭。

凌寒葉不凋，經夏子不熟。

虛心未能待國士，皮上何須生節目。

這首詩抓住竹子外表有節、內裡空虛，經冬不凋、經夏無子的特徵，譏諷竹子徒有其表而不務實際。以竹喻人，一語雙關。

溫彥博和杜如晦聽罷點點頭，露出讚許的目光。溫彥博心想：也許他曾經作過這個題目的詩，所以顯得敏捷、成熟，便決定換個題目，再試一下。於是又指著屏風對裴略說：「你再以屏風為題，作詩一首，好嗎？」

裴略隨即緩緩走到屏風前，口中吟道：

高下八九尺，東西六七步。

突兀當庭坐，幾許遮賢路。

他略一停頓後，突然亮開嗓門大聲說：「當今聖皇在上，大敞四門以迎天下士人，君是何人，竟在此妨賢？」話音剛落，伸出雙手「嘩」地一聲，將屏風推倒在地。裴略出語驚人，行動更是出人意外。這首詩，這番話，明裡說的是屏風擋道，實際暗示當權者不識人才，堵塞賢路。裴略說話時，吐字清晰，語調鏗鏘，聲音洪亮，落落大方。

溫彥博笑著對杜如晦說：「你聽出來沒有？年輕人的弦外之音，是諷刺我溫彥博哩！」

裴略隨即接話，一面比劃著自己的臂膀和肚皮，一面說：「不但刺膊（博），還刺肚（杜）呢！」溫彥博和杜如晦不覺被他的機敏逗得哈哈大笑。

沒過幾天，補齊必要的手續後，裴略被朝廷授予陪戎校尉，這是武職中第三十階，一個從九品的小官。官職雖小，但裴略畢竟是正式進入了仕途。

21 努爾哈赤麾下添二虎

努爾哈赤是個胸懷大志的人，為了實現自己的千秋功業，他以一個帝王的風度，一筆勾銷兩位箭手過去的過失，可謂站得高，看得遠。

西元一五八〇年（萬曆十二年），努爾哈赤統率大軍攻打齊吉達城。由於事先消息走漏，當大軍抵達城下時，城上已嚴陣以待。於是努爾哈赤決定強攻，他自己身先士卒，一馬當先，衝進城去，連斃守軍數名。努爾哈赤矯健的身影，被城中勇士、神箭手鄂爾果尼發現，他暗發一箭，射中努爾哈赤的頭部，箭穿破了頭盔，又破肉入骨。在此緊急關頭，努爾哈赤眼盯箭手，咬牙忍痛拔出箭，搭弓便射，箭手猝不及防，被射中大腿，應聲倒地。

此時，戰鬥激烈，努爾哈赤無暇顧及傷情，帶傷繼續向前衝去。在滾滾煙塵中，城中另一名勇士、善射者洛科，又盯上了努爾哈赤，再發一箭，射中努爾哈赤的頸部。因箭鏃帶鉤，努爾哈赤使勁一拔，把肉帶了下來，血流如注。他依弓為杖，勉強走下戰場，便昏了過去，攻城不得不放棄。

幾天後，努爾哈赤箭傷有所好轉，他不肯罷休，又率領大軍重新攻城。

因為敵方軍士前幾天已領教了努爾哈赤的厲害，他的馳騁身影還歷歷在目，所以人人餘驚未息。雙方交戰不久，守城士兵便一觸即潰，四散逃命而去。城破以後，敵方勇士鄂爾果尼、洛科二人雙雙被俘。

兩人被五花大綁，送到努爾哈赤面前。眾將領見了他們都非常氣憤，異口同聲地讓努爾哈赤下令殺了他們，以洩心頭之恨。努爾哈赤聽了微微一笑，坦然道：「這兩人射我致傷，是鋒鎬之下各為其主啊！兩軍相戰，哪個不想取勝？上次戰爭，他們為主盡忠，理應如此。今天，我不但不殺他們，還要重用，改日兩軍相戰，他們必將成為我的戰將。這樣的勇士，死於疆場之上尤為可惜，怎麼能因傷了我就殺害他們呢？」眾將聽後，連聲稱是，於是兩勇士不僅沒死，相反地，還被賜予官爵。

第三章　平安一生的坦途

自古以來安身立命，有因自我炫耀，而遭殺身之禍的；有因貪圖利祿，而不能全身以退的；有因一朝得勢，而忘乎所以的……平安一生的坦途，就是要不貪圖功名利祿，不仗勢欺人，不嫉妒他人的成功，不挑剔別人的不足，成功了不自傲，得寵了不洋洋得意，寬以待人，嚴以律己。

22 曾國藩「失禮」

世上萬事萬物都是有關聯的，很多人看不到這一點，辦起事來，往往只是孤立地去做一件事情，未考慮到牽一髮而會動全身，結果由於一件事沒有處理妥當，就導致自己陷入被動的局面。

曾國藩帶領湘軍圍剿太平天國之時，清廷對其是一種極為複雜的態度：不用這個人吧，太平天國聲勢浩大，無人能敵；用吧，一則是漢人手握重兵，二則曾國藩的湘軍是曾一手建立的子弟兵，怕對清廷形成威脅。在這種心思之下，對曾國藩的任用經常是用你辦事，不給高位實權。苦惱的曾國藩急需朝中重臣為自己撐腰說話，以消除清廷的疑慮。

忽一日，曾國藩在軍中得到胡林翼轉來的肅順的密函，得知這位精明幹練的顧命大臣，在西太后面前推薦自己出任兩江總督。曾國藩大喜過望，咸豐帝剛去世，太子年幼，顧命大臣雖說有數人之多，但實際上是肅順獨攬權柄，有他為自己說話，再好不過了。

曾國藩提筆想給肅順寫封信表示感謝。但寫了幾句，他就停下了。他知道肅順為人剛愎自用，很有些目空一切的味道，用今天的話來說，就是有才氣也有脾氣。他又想起西太后，這個女人現在雖沒有什麼動靜，但絕非常人，以他多年的閱人經驗來看，西太后心志極高，且權力欲強，又極富心機。肅順這種專權的做法能持續多久呢？西太后會和肅順合得來嗎？

思前想後，曾國藩沒有寫這封信。

後來，肅順被西太后抄家問斬。在眾多官員討好肅順的信件中，獨無曾國藩的隻言片語。

23 蘇東坡「對症下藥」

人生在世，安身立命，少不了錢財物什。但人也不可過分相求，傷本逐末。凡人皆須度量而為，不可因財誤命。唯利是圖、巧取豪奪，終會招來災禍；反之，仗義疏財、心性端正，日子才會康泰。

黃州往東二十多里處，有一個湖口村。這小村子前臨湖，後靠崗，全村五十戶人家，都以打魚為生。

有一天，被貶到黃州的大文學家蘇東坡從蘄水麻橋村診病回來，路過這村時，忽聽有人在失聲痛哭，他下馬一看，原來是一些年輕婦女傷心地哭剛剛死去的丈夫和兒女。

蘇東坡仔細一問，才知道這些人家住在湖區低窪地帶，一到夏天，烈日炎炎，湖水發臭，瘟疫流行，病死了很多人。蘇東坡含著淚安慰她們說：「你們不要再哭了，人死不能復生。你們住在這地勢低的地方，湖水又被汙染，人吃了不乾淨的水而生病。現在最重要的是找藥，待我去替你們想想辦法。」

蘇東坡急急忙忙趕回黃州，與夫人一起憑記憶寫下了當時名醫龐安常的一個祕方，然後就去照方買藥。這家藥店老闆非常奸詐，他見蘇東坡一下子買這麼多的草藥，知道其中必有情由，就趁機向蘇東坡索取高價，他嘿嘿一笑說：「您要的這些草藥都很名貴，但不知先生有無銀錢支付藥費？」蘇東坡問：「共多少錢？」藥店老闆說：「五百兩銀子！」

其實，蘇東坡知道這些草藥都不名貴，是一般草藥，值不了這麼多錢，但救人要緊，不好再跟這樣的奸商講道理，就說：「五百兩就五百兩吧，我這就去拿錢。」

蘇東坡回家跟夫人商量後，賣掉了夫人的一些首飾，湊足錢，去藥店買回了草藥，然後按照龐安常口授的配方，配了治療水疫的藥劑，吩咐兒子蘇邁與他一起騎馬將藥送到了湖水村。

村裡的病人和他們的家屬一開始不敢接藥，蘇東坡親切地說：「此藥是自製成藥，一律免費相贈，請勿多慮！」

村民被蘇東坡的這一番話感動得淚流滿面，過了幾天，湖口村病人吃了蘇東坡送來的藥後，病都好了，他們紛紛稱蘇東坡是華佗再世，是他們的救命恩人！

說來也巧，那個藥店老闆也染上了水疫病，吃了不少名貴的藥也不見好，後來聽說有個蘇郎中把湖口村患水疫病的人都治好了，便連忙派徒弟去蘇東坡家討藥方。

蘇東坡問明情況後，對來要藥方的徒弟說：「你回去稟告你家老闆，他要治病就請他自己來一趟，我好為他把脈，對症下藥。」

徒弟回去照實說了，老闆為了治病，只好坐著轎子，趕到蘇東坡家。一見蘇東坡，他一下愣住了，但他馬上故作鎮定，假裝沒見過蘇東坡，陪著笑臉說：「郎中先生，聽人講您是華佗再世，小人今日得遇神醫，看來是有救了，請先生多多費心！」

蘇東坡摸著藥店老闆的脈，問道：「請問你知道你得的是什麼病嗎？」「是水疫病。」「我看不是，你這病比水疫病還要厲害！」「那先生您說我得的是什麼病呢？」「你得的是鬼迷心病，最近你有沒有做昧良心的事？」

店老闆額頭直冒汗，但還是堅持說他什麼昧良心的事也沒做過。蘇東坡也不再追問，輕輕地說道：「沒有就好。現在我特地給你配製幾副藥，你吃了看看。要是再做昧良心的事，你的病我可就治不好了。」

藥店老闆怯怯地問：「但不知這幾副藥需要多少錢？」蘇東坡微笑著說：「這幾副藥都是名貴草藥配製成的。不多不少，你就給五百兩銀子吧。」

藥店老闆只好硬著頭皮，如數將藥錢付給了蘇東坡。回去吃藥沒幾天，病果然好了。他想：看來為人是不能做昧良心的事。於是吩咐徒弟把前不久多收蘇東坡的銀子，如數退還給了蘇東坡，從此以後再也不敢抬高藥價了。

24 鄭板橋貪吃被利用

鄭板橋因貪食一口狗肉，被富商所利用，肚子裡悶了一口氣，後悔也沒有用了。不過吃虧上當也就這麼一回，下次他也就學聰明了，再不會為了一點狗肉而被人利用。

鄭板橋的詩、書、畫名噪當時，他回到揚州以後，賣字畫的收入成為他家庭生活的主要來源。他性情直率，為人風趣，不拘小節，鄙視流俗。因為求書求畫的人很多，他討厭那種矯情的做作，虛假的客套，乾脆寫一張潤筆條例貼在牆上：

大幅六兩，中幅四兩，小幅三兩，書寫對聯一兩，扇子、斗方五錢。凡送禮物食物，總不如白銀為妙。蓋公之所送，未必弟之所好也。若送現銀則心中喜樂，書畫皆佳。禮物既屬糾纏，賒欠猶恐賴帳，年老神倦，不能陪諸君子作無益語言也。

畫竹多於買竹錢，

紙高六尺價三千。

任渠話舊論交接，

只當秋風過耳邊。

乾隆己卯板橋鄭燮

潤筆條例定下來了，但也有例外。鄭板橋最喜歡吃狗肉，如果有人烹一碗香噴噴的狗肉送給他，他會作一小幅字畫回報，不收潤筆了。

鄭板橋賣字畫還有一條原則，即不落上款。如果他在字畫上替你落款，即寫上你的字號，稱你為某某兄或某某先生，那就是他對你印象極好，另眼相看了。

揚州有一個鹽商，姓王名德仁，字昌義，擁資百萬，闊綽豪奢。他富極無聊，也想附庸風雅。他知道鄭板橋最不喜歡那些豪紳巨賈，想與他結交，根本不可能，即使出潤筆費，鄭板橋也不見得會賣字畫給他。他只好輾轉託人購得了幾幅，但因為沒有上款，總感到意猶未盡，於是他想了一個計策。

鄭板橋喜歡出遊，常常流連山水，樂而忘返。一天他遊到一處地方，時已過午，有點餓了。忽然聽到悠揚的琴聲從遠處飄來，他沿聲尋去，發現前面有一片竹林，竹林中有兩三間茅屋。剛走近茅屋，一股肉香又撲鼻而來，茅屋裡面有一位老者，鬚眉皆白，正襟危坐彈琴，旁邊有一個小童正在用紅泥火爐燉狗肉。

鄭板橋不由得垂涎三尺，對老者說：「老先生也喜歡吃狗肉？」老者說：「世間百味唯狗肉最佳，看來你也是一個知味者。」鄭板橋深深一揖：「不敢，不敢，口之於味，有同嗜焉。」老人說：「那太好了，我正愁一人無伴，負此風光。」於是便叫小童盛肉斟酒，邀鄭板橋對坐大嚼。

鄭板橋高興極了，肉飽酒酣之後，他想用字畫做為回報。見老者四壁潔白如紙，但卻空無一物，便問：「老先生四壁空空，為何不掛些字畫？」老者說：「書畫雅事，方今粗俗者多，聽說城內有個鄭板橋，人品不俗，書畫也好，不知名實相符否？」鄭板橋說：「在下就是鄭板橋，為老先生寫幾幅如何？」老者大喜，趕緊拿出預先準備好的紙筆，於是鄭板橋當面揮毫，立成數幅，最後老者說：「賤字『昌義』，請足下落個上款，也不枉你我今天一面之緣。」鄭板橋聽了不由一怔，說道：「『昌義』是鹽商王德仁的字，老先生怎麼與他同號了？」老者說：「我取名字的時候他還沒有生呢，是他與我同字，不是我與他同字，而且天下同名同姓的人太多了，清者自清，濁者自濁，這有什麼關係呢！」

鄭板橋見他說得在理，而且言吐不凡，於是為他落了上款，然後道謝告別而去。

第二天鄭板橋一早起來，想起昨天吃狗肉的事，總覺得有點不對勁，於是叫一個僕人到鹽商王德仁家去打聽情況。僕人回來說，王德仁將鄭板橋送的字畫懸掛中堂，正在發請柬，準備舉行盛大的慶祝宴會呢！

原來這個王德仁早就調查清楚了鄭板橋的飲食起居，習性愛好，以及他經常去的地方，並以重金聘請了一位老秀才，等了幾個月，才抓到了這個機會，讓鄭板橋上了當。

25 沈萬三誇富破家

有錢，所以氣壯；有錢，所以自以為有誇耀的本錢，這是富而不忍的一種表現。沈萬三，因為意欲討皇上歡心，自誇豪富，結果適得其反。因此，我們必須明白：富不能顯，富不能誇，為富要自持，為富有謙恭，這才是長久保持富貴的道理。

沈萬三是明朝初年東蘇崑山一帶著名的大富翁，他原名沈富。

沈萬三竭力向剛剛建立的明王朝表示自己的忠誠，拚命地向新政權輸銀納糧，討好朱元璋，想給他留個好印象。朱元璋不知是想捉弄捉弄沈萬三呢，還是真想利用這個巨富的財力，曾經下令要沈萬三出錢修築金陵的城牆。沈萬三負責的是從洪武門到水西門一段，占金陵城牆總工程量的三分之一。可沈萬三不僅按質按量提前完了工，而且還提出由他出錢犒勞士兵。

沈萬三這樣做，本來也是想討好朱元璋，但沒想到弄巧成拙。朱元璋一聽，當下火了，他說：「朕有雄師百萬，你能犒勞得了嗎？」

沈萬三沒聽出來朱元璋的話外之音，面對如此詰難，他居然毫無難色，表示：「即使如此，我依然可以犒賞每位將士銀子一兩。」

朱元璋聽了大吃一驚。在與張士誠、陳友諒、方國珍等武裝割據集團爭奪天下時，朱元璋就曾經由於江南豪富支持敵對勢力而吃盡苦頭。現在雖已立國，但國強不如民富，這使朱元璋感到不能容忍。如今沈萬三竟敢僭越，想替天子犒軍，但他沒將怒意馬上表露出來，只是沉默了一會兒，冷冷地說：「軍隊朕自會犒賞，這事情你就不必操心了。」

朱元璋決定治治這沈萬三的驕橫之氣。

一天，沈萬三又來大獻殷勤，朱元璋給了他一文錢。朱元璋說：「這一文錢是朕的本錢，你替我去放債。只以一個月做為期限，初二日起至三十日止，每天取一對合。」所謂「對合」是指利息與本錢相等。也就是說，朱元璋要求每天的利息為百分之百分，而且是利上滾利。

沈萬三雖然滿身珠光寶氣，但腹內空空，財力有餘，智慧不足。他心裡一想這有何難！第二天本利二文，第三天四文，第四天才八文嘛。區區小數，何足掛齒！於是沈萬三非常高興地接受了任務。可是，他回到家裡再一細算，沈萬三不由得傻眼了：雖然到第十天本利總共也不過五百一十二文，可到第二十天就成了五十二點四二八八萬文，而第三十天也就是最後一天，總數竟高達五點三六八七零九一二億文，要交出五億多文錢，沈萬三只能傾家蕩產了。

後來，沈萬三果然傾家蕩產，朱元璋下令將沈家龐大的財產全數抄沒後，又下旨將沈萬三全家流放到雲南邊地。

26 范雎急流勇退

老子說：「功成名遂身退，天之道。」這是提醒人們功成名就、官顯位赫後，應立即辭去高位，退而賦閒。凡有高尚氣節的君子，都不會一味地貪圖富貴安逸，在適當時機，他們都能退出舞台，為後來者提供大展宏圖的機會。

戰國時代的范雎本是魏國人，後到秦國。因向秦昭王獻遠交近攻的策略，深得昭王賞識，被升為宰相。後因他所推薦的鄭安平與趙國作戰失敗，而使他意志消沉。按秦國法律，只要被推薦人出了紕漏，推薦者也要受連坐處分。但昭王並沒問罪范雎，這使他心情更為沉重。秦昭王為刺激范雎再振作起來，為國效力，對范雎嘆氣道：「現在內無良相，外無勇將，秦國的前途實在令人焦慮呀！」可范雎心中另有所想，因而誤會了秦王的意思，感到非常恐懼。

恰在此時，辯士蔡澤來拜訪他，對他說道：「四季的變化是周而復始的。春天完成了滋生萬物的任務後就讓位給夏；夏天結束養育萬物的責任後就讓位予秋；秋天完成成熟的任務後就讓位予冬；冬把萬物收藏起來又讓位予春天……這便是四季的循環法則。如今你的地位，在一人之下，萬人之上，日子已久，恐有不測，而應讓位他人，才是明哲保身之道。」

一席話啟發了范睢，便立刻引退，並且推薦蔡澤擔任宰相。蔡澤就職後，也為秦國的強大做出了重要貢獻。但當他聽到有人責難他後，也明智地捨棄了宰相寶座，而做了范睢第二，保全了自己的晚節，也表現出大公無私的精神風範。

27 楊修丟命

過於顯露自己的才能和智慧，過分地招搖，往往會招致別人的嘲諷和指責，甚至會受到有妒忌之心的小人的攻擊。忍住這種自我顯擺的心情，一則能使自己謙虛多學，二則可以保護自己不受損害，有利於自己聰明才智的發揮。

東漢末年，楊修以才思敏捷、穎悟過人而聞名於世。楊修，在曹操的丞相府擔任主簿，為曹操掌管文書事務。曹操為人詭譎，自視甚高，因而常常賣弄一些小聰明，以刁難部下為樂。不過，楊修的機靈、穎悟又高過曹操，致使曹操常常生出許多自愧不如的感慨，和酸溜溜的妒意。

有一天，曹操招募了一些工匠在丞相府後面修建花園，花園是按照曹操的設計圖修建的。當花園落成之際，曹操親自去察看了一下。花園修建得錯落有致，景物相宜，曲徑通幽，極富情趣，曹操十分滿意。走出花園後門時，曹操忽然停下腳步，上下打量一番，皺了一下眉頭，隨即從侍從手中要過筆來，在門上寫了個「活」字，沒說一句話，轉身就走了。

究竟是什麼意思？工匠們思索來思索去，就是思索不透。

這時，楊修走了過來，工匠們像見到救星一樣，一把拉住他，把剛才發生的事，一五一十地告訴了他。楊修一聽就明白了，對工匠們笑笑說：「丞相嫌後門寬了，要縮小一點哩。」

「是丞相說的嗎？」一個工匠不放心，問了一句。

楊修搖搖頭，用手指指門說：「『活』字在門中，這不是『闊』字嗎？」

工匠領班埋怨說：「丞相跟我們說一聲不就行了，何必要跟我們打啞謎呢？」於是按照楊修給的新尺寸，工匠們將花園的後門改窄了。

第二天，曹操又來了，看了看改裝後的園門，完全符合自己的心意，便不露聲色地問工匠領班：「是誰叫你們這樣做的？」

工匠領班戰戰兢兢地告訴丞相，是楊主簿吩咐的。曹操笑著說：「我就想到是楊修教你們這麼做的。這小子，也算是機靈到家了。」

一次，北方來人向曹操進獻一盒精心製作的油酥，曹操開盒嘗了嘗，覺得味道很好，因此連說了兩聲「好」，隨即蓋上盒蓋，在盒上題寫了一個醒目的「合」字，便走開了。

曹操的侍從們湊到了一起，七嘴八舌地議論起來，誰也不知曹操的葫蘆裡賣的是什麼藥，於是請楊修來思索思索。

楊修來後，默默地思索了一會兒，便動手打開這盒油酥。一個老文書連忙說：「不要動，這可是丞相喜歡吃的呀。」

楊修對大家說：「正是因為它味道好，丞相才讓我們一人一口分了吃，大家嘗嘗吧！」

老文書不放心地說：「你這鬼精靈，別捉弄我們啊！」

楊修大笑著說：「這盒蓋上寫著『合』字，不是明明白白地告訴我們『人一口』嗎？你膽小，你就不要吃，反正我是要吃的。」拿起一塊油酥就塞進嘴裡去了。

大家一想，有道理。頃刻之間，這盒油酥便被眾人吃得乾乾淨淨。

後來，曹操得知又是楊修猜中了他的心思，口中喃喃地說道：「楊修果然是一個機靈之人。」不過，自負的曹操心裡卻酸溜溜的。

機靈、聰明是楊修的特長，也是他的短處。曹操自知不比楊修，心中充滿了嫉妒，但表面卻絲毫不動聲色。

曹操南征路過孝女曹娥的墓地時，見到墓碑正面刻著一段讚揚曹娥的短文，背面刻著蔡邕手書的八個字：黃絹幼婦外孫虀臼。

曹操問身邊的楊修：「你知道這幾個字的含義嗎？」楊修點點頭，正欲開口說。曹操擺擺手說：「你先別說，讓我思索一下。」

二人上馬，走了大約三十里，曹操領悟了它的含義，對楊修說：「我已想出了它的含義，請主簿先說說看。」

楊修說：「『黃絹』是黃顏色的絲織物，它隱含了一個『絕』字；『幼婦』是少女，隱含一個『妙』字；『外孫』是女兒的兒子，隱含一個『好』字；『齏臼』是用來盛放辛辣食品的，它隱含一個『辞』（辭的古體字）字，合起來就是『絕妙好辭』。蔡中郎（蔡邕曾任左中郎將）用這句隱語來讚揚這塊十分精彩的碑文。」

曹操聽後連聲說：「對，對！跟我理解得完全一樣。」

實際上曹操奸雄一世，誰能說得清他究竟是理解了沒有呢？

就算他真的想出了答案來，心中也會大為不快。一個人要是知道世上另一個人的才智和反應速度，要早自己三十里路，那他無論想做什麼，不是都能被對方早早看穿嗎？這對於曹操而言，是一種威脅。而此時的楊修只知得意，還渾然不覺呢！

建安十九年春，曹操親率大軍進駐陝西陽平，與劉備爭奪漢中之地。劉軍防守嚴密，無懈可擊，又逢連綿春雨，曹軍出戰不利。曹操見軍事上毫無進展，頗有退兵的意思。

這天，曹操獨自一人吃著飯，同時也在思考下一步的行動。一個軍令官前來請示曹操當晚軍中用什麼口令。軍中規定每晚都要變換口令，以備哨兵盤查來人。此時，曹操正用筷子夾著一塊雞肋骨，於是脫口而出：「雞肋。」軍令官聽了也沒覺得有什麼奇怪的。

消息傳到楊修耳裡，他便悄悄地整理筆札、行裝，做開拔的準備。一個年輕的文書見狀後問道：「楊主簿，這天天要用的東西有什麼好收拾的？明天還不是要打開？」

「不用了，小兄弟，我們馬上就可以回家。」楊修詭祕地一笑說。

「什麼？要回家了？丞相要撤退，連一點蛛絲馬跡也沒有啊！」小文書不解地看著楊修。

楊修淡然一笑說：「有啊，只是你沒有察覺到罷了。你看，丞相用『雞肋』作軍中口令，『雞肋』的含義不就是『食之無味，棄之可惜』嗎？丞相正是用它來比喻我軍在漢中的處境。憑我的直覺，丞相已考慮好撤軍的事了。」

消息傳到夏侯惇那裡，夏侯惇也相信了，便吩咐軍士們也跟著做撤退的準備。不料，曹操晚飯後為軍情棘手而難以入睡，便步出大帳巡視，看到這個情況，愕然一驚。他急忙向夏侯惇查問，夏侯惇哪敢隱瞞，照實把楊修的猜度告訴了曹操。對楊修的過分機靈早已不快的曹操，這下子抓到了把柄，立即以惑亂軍心的罪名，把楊修殺了。

曹操雖殺了楊修，但還是下令退離了漢中的戰場。就楊修而言，他早晚必死無疑，因為他三番五次炫耀自己的才能，雖然聰明，但只是小聰明而已。

28 蔡侯貪色喪國

為了滿足自己的一己色欲，卻置天下安危於不理、棄社稷江山於不顧，這違背了天意，喪失了民心，到頭來除了遭人唾棄、成為別人茶餘飯後的笑料之外，也就只能遺臭萬年。

春秋時，蔡侯與息侯結為連襟，同娶陳侯姐妹，蔡侯娶大姐，息侯娶小妹。但兩國的政治路線不同，息侯臣服於楚國，蔡侯則靠攏於齊國。

息夫人媯氏生得豔麗非常，有絕世之貌，久為姐夫蔡侯垂涎。

有一天，息夫人回娘家陳國，路經蔡國。蔡侯認為是個好機會，蓄意揩油，想親親香澤，憐惜一下小姨子。於是，他迎息夫人進宮去，奉承一番後，就動手動腳的，沒有絲毫敬意。

息夫人看出這位姐夫是個大色狼。便匆匆辭行，趕到娘家去了。

等到從娘家歸來時，不敢再從蔡國經過，只得繞道返回。見了丈夫，就把蔡侯如何調戲自己的事情，一五一十地告訴了息侯。息侯大怒，恨恨地說：「好哇！這個無賴的蔡侯，居然想給我綠帽戴？非懲罰你不可！」

於是就立即派一個特使到楚國去，密告楚王說：「蔡侯恃著和齊國有親戚關係，不把大王看在眼裡，還經常散布謠言，想離間楚國與息國的友好邦交，大王何不出兵去攻打他呢？」

楚王說：「這樣怕會引起它的盟邦齊國出兵吧！」

「這又有什麼難的？」特使說，「息國和蔡侯是結盟而又有連襟的關係，蔡侯又好勝。如果大王假意向息國發兵，他必親自出馬相救。到那時，我軍突然與楚兵聯手，把他包圍起來。這樣，蔡侯就是有上萬隻翅膀也飛不了。」

「妙哉！」楚王拍手稱好。

隨後，楚兵就浩浩蕩蕩地進攻息國了，息侯派人去蔡國求救，果然，蔡侯親率三軍前來救援，抵達息國。營帳還未安定，忽然楚國伏兵猝起，殺得蔡兵狼狽逃竄，蔡侯慌忙逃往息城。可是，息侯卻閉門不納，楚兵又緊追其後，追得他落荒而逃，半路上被楚兵俘獲。

這時，息侯出城犒賞楚軍，並畢恭畢敬地送楚王班師回國。蔡侯方才覺悟自己中了息侯的詭計，被人給出賣了。

楚王想把蔡侯生蒸，以告太廟，卻被大臣舉竭力冒死強諫，蔡侯方被釋放回國。

29 苻堅因驕而敗

成功和失敗是可以相互轉換的。取得了勝利，要善於保持，要忍受住由勝利帶來的喜悅，不能失去冷靜，否則恃成而驕，失敗也會接踵而至。

東晉建元八年，前秦王苻堅在統一了北方後，以其弟苻融率步騎兵二十五萬為前鋒，自率步兵六十萬，騎兵二十七萬，水陸並進，開始了對東晉的大舉進攻。苻堅自鳴得意地說：「我這麼多的人馬，即使把馬鞭子投在江裡，也能叫江水斷流！」在前秦的攻擊下，徐州、英城相繼攻陷。苻融的前鋒又很快攻下了壽陽，東晉的形勢十分危急！

前秦大軍壓境，東晉政權內部矛盾重重。王公大臣各保其勢，不敢出戰。晉孝武帝司馬曜如坐針氈，建武將軍謝玄果斷請戰。司馬曜大喜，拜謝玄為前鋒，都督徐、兗、青三州諸軍事。

謝玄和叔父謝石及劉牢之等率北府兵八萬人迎擊秦軍。他決定採取先發制人的策略，在秦軍沒有集中的時候，挫敗秦軍前鋒，激發東晉軍士氣。謝玄命令驍勇善戰的將軍劉牢之率領精兵五千人直搗洛澗，命令胡彬帶領五千人增援壽陽；自己與謝石率大軍阻擊苻堅。劉牢之在懷遠大敗秦軍，斬殺敵將梁成，殲滅前秦軍一點五萬人，繳獲大批糧草器械，首戰告捷。

但增援壽陽的胡彬軍受挫，只好退守硤石，並寫信向謝玄求援。可是，書信被前秦截獲。苻堅見信後，誤以為東晉軍已經不堪一擊，便留大軍於項城，自率輕騎兵八千人，趕到壽陽與苻融會合。苻堅沒有對戰爭的全局做綜合的分析，剛剛獲得了一點小小的成功，就未能克制自己的驕傲之心，輕敵妄動，忍耐不住成功帶來的喜悅，被這種情感沖昏了頭腦，於是，失敗也就不遠了。此時的苻堅還渾然不知。

他又派東晉降將朱序到晉營來勸降。朱序原為梁州刺史，鎮守襄陽，襄陽被秦軍攻破，兵敗被俘，但他心向東晉。朱序到了晉營，便把秦軍的虛實全部告訴謝玄等人。

謝玄授計朱序說：「如果秦軍退據淝水西岸，等待聚齊才進攻；那麼，敵眾我寡，我難以取勝。我們決定主動尋找戰機，速戰速決。你回去後，利用秦軍軍心渙散，動搖他們的軍心；針對大部分漢人心向東晉的思想，鼓勵他們率部投誠，做個內應，至少不抵抗晉軍。」

朱序表示說：「襄陽被俘，變革投降，深負朝廷重恩，肝腸寸斷，無日不思報效祖國，豈能甘受異族奴役，這次若能為朝廷、為將軍盡點綿薄之力，實在是萬幸。我一定不辜負將軍的厚望，依計行事，打敗秦軍！」

謝玄送走朱序，命令謝石、劉牢之等率得勝之師占據淝水東岸。苻堅占據淝水西岸，兩軍夾淝水列陣。

為了迅速有效地殲滅秦軍，謝玄提出了在淝水西岸與秦軍決戰的方案。劉牢之反對說：「西岸決戰，必然失敗的原因有三：一是我軍在渡河中間，受到敵軍襲擊，必然失敗；二是背水列陣，前有強敵，後無退路，必然失敗；三是秦軍力十倍於我，我軍孤立無援，必然失敗！」

謝玄果斷地說：「西岸決戰，取勝是有把握的，秦軍中大部分漢人心向晉朝，一部分被迫作戰的羌、羯族人也不願替秦軍賣命，一旦打起來，他們會臨陣逃脫。更兼有朱序把軍隊置於險地，可以鼓舞將士的士氣，我的主意已定，聽我指揮就是了！」

隨後謝玄派使者去對苻堅說：「對方隔淝水而戰，打起仗來不方便，請秦軍在淝水西岸稍作退卻，晉軍願到淝水西岸與秦軍決一死戰。」苻堅的部下說：「應該把晉軍阻在淝水東岸，等我軍雲集後，再渡河消滅晉軍，這才是萬全之策。」

苻堅求勝心切，企圖趁晉軍半渡時，下令猛攻，全殲晉軍於淝水之中，於是下令撤退。可是，秦軍士卒一下子不明白撤退的意圖，誤認為前軍失敗了，便盲目地騷動起來。朱序見時機成熟，在軍中大聲呼喊：「秦軍失敗了！秦軍失敗了！」秦軍頓時大亂。秦軍中願意作戰的氐族人很少，其他族人都不願作戰，帶頭逃跑。大部分一旦混亂，再也制止不住。不少漢人在朱序的策動下，又兵變倒戈。

謝玄率領晉軍，趁勢迅速渡水進攻。秦軍主將苻融親自出馬，想去阻止後退的秦軍，結果坐騎被擠倒，為晉軍所殺。秦軍大敗，奔逃潰散，自相踐踏，投水而死的不計其數，淝水為之斷流，苻堅也中了流矢，單騎北逃。他在路上聽到風聲鶴唳都以為是晉軍追來了。

苻堅由於過於自信，輕信自己幾十萬人能夠消滅東晉，而且一開始也確實獲得了一些勝利，他就自得起來，不忍成功，失敗也就緊隨而來。

30 郭子儀寵辱不驚

人獲得了一定的權勢、地位，便易受到別人的猜忌，福與禍也共生於此。唐朝名將郭子儀深知此點，他反其道而行之，敞開府門，任人探究，結果是化凶為吉，平安無事。

郭子儀爵封汾陽王，王府建在都城長安。汾陽王府自落成後，每天都是府門大開，任憑人們自由進出，郭子儀不准府中人干涉。

有一天，郭子儀帳下的一名將官要調到外地任職，特來王府辭行。他知道郭子儀府中百無禁忌，就一直走進了內宅。恰巧，他看見郭子儀的夫人和他的愛女兩人正在梳洗打扮，而王爺郭子儀正在一旁侍奉她們，她們一會兒要王爺遞手巾，一會要他去端水，使喚王爺就好像使喚奴僕一樣。這位將官當時不敢譏笑，回去後，不免要把這情景講給他的家人聽。於是一傳十，十傳百，沒幾天，整個京城的人們都把這件事當作笑話在談論著。

郭子儀聽了倒沒有什麼，他的幾個兒子聽了都覺得丟了王爺的面子。他們相約，一起來找父親，要他下令，像別的王府一樣，關起大門，不讓閒雜人等出入。

郭子儀聽了哈哈一笑，幾個兒子哭著跪下來求他。一個兒子說：「父王您功業顯赫，普天下的人都尊敬您，可是您自己卻不尊敬自己，不管什麼人，您都讓他們隨意進入內宅。孩兒們認為，即使商朝的賢相伊尹、漢朝的大將霍光也無法做到您這樣。」

郭子儀收斂了笑容，叫兒子們起來，語重心長地說：「我敞開府門，任人進出不是為了追求浮名虛譽，而是為了自保，為了保全我們的身家性命。」

兒子們一個個都十分驚訝，忙問其中的道理。

郭子儀嘆了口氣，說：「你們光看到郭家顯赫的聲勢，沒有看到這聲勢喪失的危險。我爵封汾陽王，往前走，再沒有更大的富貴可求了。月盈而蝕，盛極而衰，這是必然的道理，所以，人們常說要急流勇退。可是眼下朝廷尚要用我，怎麼肯讓我歸隱？再說，即使歸隱，也實在找不到一塊能容納我郭府一千餘口人的隱居地呀。可以說，我現在是進不得也退不得。在這種情況下，如果我們緊閉大門，不與外面來往，只要有一個人與我郭家結下仇恨，誣陷我們對朝廷懷有二心，就必然會有專門落井下石、妒害賢能的小人從中加油添醋，製造冤案，那時，我們郭家的九族老小都要死無葬身之地了。」

這是明白禍是如何產生，應該如何去消除禍害的道理。郭子儀具有很高的政治眼光，他善於忍受災禍，更善於忍受幸運和榮寵，所以才能四朝為臣。

31 衛懿公好鶴亡國

愛好是一種雅致高尚的休閒活動，只有領悟其中的超逸情趣，怡然自得，才能感受到真正的樂趣，如愛好不當或樂而迷心，就會給自己帶來毀滅性的影響。

春秋時，衛國君主衛懿公在位九年，驕奢淫侈，沉迷享樂，他最愛好的玩物是鶴。那鶴色潔形清，能鳴善舞，因而衛懿公特別喜愛。懿公好鶴，凡是獻鶴的人都有重賞，因此百姓爭相羅致優良品種，趕來進獻懿公。一時間，從苑囿到宮廷，處處養鶴，不下幾百隻。

大夫石祁子和寧速是衛之賢臣，二人對懿公進諫數次，懿公不聽。公子毀是衛國王位的繼承人，因賢德有名，衛人都很愛戴他，心裡盼他能取代懿公。公子毀看到衛懿公沉迷於鶴中，心知衛必亡國，便託故跑到齊國去了。齊桓公很欣賞他，把自己宗室的女兒嫁給他，使他安心留在了齊國。衛人得知，對懿公更是怨恨。

一次，衛懿公正想帶著鶴出遊，邊關忽報「狄人侵邊境」，懿公大驚，立刻全國招兵，準備發放武器，抵禦外侵。但老百姓不願接受徵召，都紛紛逃向村野，躲避起來。一時，懿公竟湊不成一支抗敵的隊伍，只得命司徒去抓丁，終於，抓了一百餘人。懿公問他們為何逃避徵召，眾人回答：「大王只須有一件東西，便可以抵抗狄人了，何必需要我們？」懿公奇怪地問：「什麼東西？」眾人回答：「鶴。」懿公說：「鶴能抵抗狄人嗎？」眾人說：「鶴既不能參加戰鬥，就是沒有用的東西！大王對老百姓刻薄，而對這些無用的東西花大力餵養，這就是我們不服氣的地方！」懿公嘆說：「我現在知道錯了！那我若放了鶴，老百姓肯上陣殺敵嗎？」石祁子說：「大王現在才這樣做，只怕太晚了。」懿公不得已帶領大軍出發抵禦狄兵。一路上，軍士頗多怨言，晚上懿公聽到軍中人唱歌道：「鶴食祿，民力耕；鶴乘軒，民操兵。狄鋒厲兮不可攖，欲戰兮九死而一生！鶴今何在兮？而我瞿瞿為此行！」

大軍行近滎澤，見有千餘敵軍，左右分別馳來，人馬雜陳，全無章法。統軍的大夫渠孔說：「人們都說狄人驍勇，我看只是徒有虛名！」便命大軍擊鼓前進，狄人詐敗，把衛軍引入埋伏中，只聽一聲呼哨，狄人如天崩地塌般紛紛湧來，將衛兵截成三處，互不能相顧。衛軍本無心為懿公賣命，見敵勢凶猛，便紛紛棄車仗逃命去了。狄人將衛懿公重重包圍起來。渠孔建議懿公放下大旗，化裝逃走。懿公此時知大勢已去，萬難逃脫，便拒絕了他的建議。一會兒，狄兵縮小包圍，衛國將領紛紛戰死，衛懿公也被亂軍殺死，剁成肉泥。

32 胡林翼祝壽

胡林翼身為一代名臣，為顧全大局，不拘小節，其良苦用心讓後人嘆服。

「曾左彭胡」是清朝中興的四大名臣，胡林翼排名最後，很大程度上是因他去世得早，其實他的功勛與前三位不相上下，而且在前三位最艱難的時候，也都賴胡的大力扶持與幫助。胡林翼勇於任事，見識非凡，做事做官都很有一套。

當胡林翼在湖北任軍門提督時，一把手湖北巡撫滿人官文，是個糊塗官，但很得朝廷的信任。胡林翼要全力支持曾國藩的前線戰事，就必須和官文打好關係，否則就很難辦成事。

某日官文大發請帖，說是要為夫人做壽。胡林翼備禮前往，才到門口，看見有些官員怒容滿面，拂袖而去，這才知道官文是給五姨太做壽，而不是原配夫人。以當時習俗，姨太太是沒有地位的，儘管官文很喜歡這位姨太太，可還是有許多官員覺得難堪。

以胡林翼的身分名望，完全可以不去拜壽。但胡林翼不僅進府拜壽，還在席間提出，自己的母親沒有女兒，一直想認個乾女兒，五姨太如此人品，老太太定然滿意。

官文和五姨太見胡林翼能賞臉光臨，已是非常高興，再聽此言，更是心花怒放，這樣一來，五姨太的出身地位就風光了許多。第二天，五姨太即前往胡府拜見老太太，正式認親。

在當時各省中，一般都是滿人、漢人組成團隊，多數合不來，互相牽制。唯有湖北，將相和睦，胡林翼得以全力做事，而官文不但不再添煩，還總在朝廷面前為其美言。

第四章　藏露進退的學問

在動物世界中，我們常可以看到獅、虎、豹、牛、馬、羊的藏露進退之功，其根本目的是為了獵取食物或保住身體。這個淺顯的道理，在人與人之間的攻守中，同樣也有，而且大有學問。藏露進退之學的要點在於：不善藏，則露鋒芒，會早折；不善退，則必冒進，會易敗。藏露進退把握時機，才無大礙。

33 王羲之機智保命

禍福往往是瞬間之事，面對突如其來的災禍，不少人無法承受，往往會慌張行事、暴露自己，而小小年紀的王羲之卻有過人之處，面對災禍，能夠冷靜、機智地應對。

王羲之的家族，是東晉有名的望族，他的兩位伯父是擁立司馬睿建立東晉的功臣，一位叫王導，任東晉宰相；另一位叫王敦，任大將軍，掌管東晉的兵馬大權。當時社會上流傳著「王與馬，共天下」的說法。王氏家族在東晉政權中，權勢之盛，地位之高，無與倫比。

王敦雖已位極人臣，享盡榮華，但他的野心很大，他把眼睛瞄著金鑾殿上的寶座，一心想嘗嘗當皇帝的滋味。王敦的謀士錢鳳，一直在替王敦問鼎的野心鼓動打氣，他自己也存心藉此撈個開國的元勛。二人氣味相投，成為知己。

初夏的一個早晨，王敦起床不久，錢鳳急如星火地走進王府大門，直奔客廳而來，王敦得報後立即到客廳與他見面。錢鳳欲言又止，向王敦使了個眼色。王敦抬起右手揮了揮，幾個僕人都知趣地退了下去。二人關起門來，談起了「謀反」的機密。

錢鳳用極為神祕的口氣，小聲地對王敦說著。他帶給王敦的似乎是一個不祥的消息，王敦聽著聽著，眉頭也漸漸地皺了起來。二人情緒緊張，嘰嘰咕咕地談了好一陣子，王敦突然神情激動地站了起來，手一揮，錢鳳正在說話，突然停了下來。原來王敦透過窗子，看到對面房間裡垂著的帳幃動了一動，這時他想起侄兒王羲之還在床上睡覺。

王羲之這年才十一二歲，平時最受王敦器重。王敦把聰明機靈、悟性極高的王羲之，看作是維持王家世家大族地位的「榮譽」標誌之一，是王家下一代人中的佼佼者。因此，他經常把王羲之帶在身邊，留他在自己府中生活。這一次，王羲之已連續幾天吃住在王敦家中了，他的臥室恰好緊鄰著客廳。當錢鳳到來時，因為雙方都很緊張，王敦便把王羲之在屋裡睡覺的事忘得一乾二淨。直到王敦站起身來，看到帳子動了一下，才想起來。於是，王敦大驚失色，對錢鳳說：「不好！羲兒還在這裡睡覺，我們剛才說的話，讓他聽去了可怎麼辦？」

策劃起兵、奪位，是一件冒天下之大不韙的事，一旦走漏風聲，策劃者的身家性命將徹底毀滅，王敦和錢鳳對此是十分清楚的。經王敦一提起，兩眼露出凶光的錢鳳對王敦急促地說：「大將軍，計劃洩露出去，我們就死無葬身之地了。量小非君子，無毒不丈夫啊！」錢鳳慫恿王敦去殺王羲之。

半晌，王敦沒有吭氣。

「大將軍，要成大事，不敢作敢為不行。當斷不斷，反受其亂啊！」錢鳳焦急地催促王敦下手。

聽了錢鳳的話，王敦心一橫，腳一跺，說：「對，不能兒女情長。」接著轉頭向著王羲之睡覺的那個房間點點頭，「羲兒呀，你就莫怪我這做伯伯的無情無義了！」王敦說著「颼」的一聲，拔出寒光逼人的青龍寶劍，提劍直奔王羲之睡覺的床前，錢鳳緊隨其後。

王敦左手撩起帳幃，正待揮劍砍下去，卻突然停了下來。原來王羲之這時發著微微的鼾聲，睡得正香，胸脯隨著均勻的呼吸一起一伏，王敦掀起帳子，王羲之也毫無反應。王敦愛憐地望著十分鍾愛的侄兒，慶幸自己的密謀並沒有被侄兒聽去，於是，打消了殺侄兒的念頭。王敦收回寶劍把它插入鞘中，拉著錢鳳的手走了出去。

真玄啦，王羲之差一點就成了伯父王敦的刀下鬼了。實際上，打從錢鳳進門時，王羲之已醒來，無意中聽到了伯父與錢鳳的談話。王羲之很快意識到了處境危險。

當王敦提劍向他走來之時，王羲之緊張的心幾乎堵住了喉嚨，他盡力使自己平靜下來，兩眼閉著，神態自若，完全像睡著一樣，一點破綻也沒有露出來。王敦因此才沒有下手。

王羲之以自己的機警，避免了一場無妄之災，保住了自己的性命。

34 張岴峽誘盜

不露聲色，實際就是裝糊塗，越是大事，糊塗越要裝得徹底。一則可以保護自己，減少受人暗算或報復的機會；二則可以在別人不防備的時候予以攻擊，反敗為勝。

明朝張岴峽任滑縣縣令時，有兩名江洋大盜任敬、高章來到縣城，冒充錦衣衛的使者拜見張公，並且湊近張公耳邊說：「朝廷有令，要張公處理有關耿隨朝的事情。」

原來當時有位滑縣人耿隨朝，擔任戶政的科員，主管草場，因為發生火災，朝廷下令將他羈押在刑部的監牢裡。張公聽到此事，更加相信兩人的身分。任敬於是拉著張公的左手，高章擁著張公的背，一起進入室內坐在炕上。任敬摸著鬢角鬍鬚，笑著說：「張公不認識我吧！我是江湖上來的朋友，要向張公借用公庫裡面的金子。」於是二人取出匕首，架在張公的脖子上。

張公抑制住內心的緊張，裝出替他們著想的樣子說：「你們不是為了報仇，我也不會因為財物犧牲性命。你們這樣暴露自己的真實身分，如果被別人發現，對你們可相當不利！」

兩個強盜覺得有道理。

張公又進一步說：「公庫的金子有人看管，容易被發覺，對你們不利。有一個辦法是，我向縣裡的有錢人借貸，這樣你們可以安然無事，也不至於連累了我的官職，豈不兩全其美？」

兩個強盜聽了更加贊同張公的辦法。就這樣，張縣令不露聲色地穩住了強盜，並取得了他們的信任與合作，同時一條計謀醞釀成熟。

張縣令傳令屬下劉相前來，劉相到後，張公假意說：「我不幸發生意外，如果被抓去，會很快被處死。這兩位是錦衣衛，他們不想抓我，我很感激他們，想拿五千兩黃金給他們，以表心意。」

劉相聽了，目瞪口呆，說：「到哪裡去弄這麼多錢？」

張公說：「我常看到你們縣裡的人，很有錢而且急公好義，我請你替我向他們借。」

於是拿出筆來，一共寫了九個人，正好數量符合。所寫的這九個人，實際上都是武士。

劉相看了以後，恍然大悟。不一會兒，名單上列出的九個人，一個個穿著華麗的衣服，像富貴人家的子弟，手裡捧著用紙包著的鐵器，先後來到門口，假裝說：「張公要借的金子都拿來了，因為時間太緊迫，沒有湊足所要的數目，實在過意不去。」一邊說，一邊裝出哀求懇免的樣子。

兩位強盜聽說金子到了，又看到這些人果然都像有錢人的樣子，就很高興地說：

「張公真的不騙我們。」

張縣令趁兩個強盜查看金子的空檔，急忙脫身。並大喊抓賊，九個武士，一擁而上，兩個強盜猝不及防。其中一個被抓，另一個自殺身亡。

35 宓子賤的得失觀

宓子賤讓入侵魯國的齊軍搶走了麥子，失掉的只是有形的、有限的那一點點糧食，而讓民眾存有僥倖得財的心理才是無形的、無限的、長久的損失。要忍一時的失，才可能有長久的得，要能忍小失，才能有大收穫。

春秋戰國時期的宓子賤，名不齊，是孔子的弟子，魯國人。有一次齊國進攻魯國，戰火迅速向魯國單父地區推進，而此時宓子賤正在擔任單父宰。當時也正值麥收季節，大片的麥子已經成熟，不久就能夠收割入庫了，可是戰爭一來，這眼看到手的糧食就會讓齊國搶走。當地一些父老向宓子賤提出建議，說：「麥子馬上就熟了，應該趕在齊國軍隊到來之前，讓咱們這裡的老百姓去搶收，不管是誰種的，誰搶收了就歸誰所有，肥水不流外人田。」另一個也認為：「是啊，這樣把糧食打下來，可以增加我們魯國的糧食，而齊國的軍隊也搶不走麥子做軍糧，他們沒有糧食，自然也堅持不了多久。」儘管鄉中父老再三請求，宓子賤堅決不同意這種做法。過了一些日子，齊軍一來，把單父地區的小麥一搶而空。

為了這件事，許多父老埋怨宓子賤，魯國的大貴族季孫氏也非常憤怒，派使臣向宓子賤興師問罪。宓子賤說：「今天沒有麥子，明年我們可以再種。如果官府這次發布告令，讓人們去搶收麥子，那些不種麥子的人則可能不勞而獲，得到不少好處，單父的百姓也許能搶回來一些麥子，但是那些趁火打劫的人，以後便會年年期盼敵國的入侵，民風也會變得越來越壞，不是嗎？其實單父一年的小麥產量，對於魯國的強弱的影響微乎其微，魯國不會因為得到單父的麥子就強大起來，也不會因為失去單父這一年的小麥而衰弱下去。但是如果讓單父的老百姓，以至於魯國的老百姓都存有這種藉敵國入侵能獲取意外財物的心理，這是危害我們魯國的大敵，這種僥倖獲利的心理難以整治，那才是我們幾代人的大損失呀！」

36 海瑞治惡人

自古以來，聰明與糊塗，是一對不可調和的矛盾，然而從辯證法的角度來看，兩者又是相互依存、不可分離的。聰明的海瑞，在聰明與糊塗之間運用了一種巧妙的智慧，並將它們和諧地統一起來，這種智慧就是「難得糊塗」。

海瑞剛開始做官時，在浙江淳安縣當縣令。有一次，浙閩總督胡宗憲的兒子帶來一幫人到淳安縣來閒逛。海瑞囑咐管接待的馮驛丞說：「按照朝廷的章程，本來不應該接待，不過他們既然來了，就讓他們住下，一日三餐供食就行了。如果他們仗著胡宗憲權勢，無法無天，你們要及時告訴我。」

胡公子在淳安縣住下後，穿上華麗的衣服，東遊西逛，橫衝直撞，調戲婦女，惹是生非。開飯時，看到不是酒席，他大發雷霆：「這種東西是請我吃的嗎！」伸手把飯桌掀了。

馮驛丞一聽就有氣，只好小心地說：「這飯菜比我們『海大人』吃得好多了。」

胡公子一聽『海大人』三字，更是火冒三丈，破口大罵，「哼，想拿小小的七品芝麻官嚇我。告訴你，我是胡總督的公子，知道嗎？」並叫手下人把馮驛丞捆起來，亂打一頓。

海瑞知道了這件事，立即叫幾個衙役把胡公子一夥綁了起來，送到衙門。

海瑞升堂處理。胡公子蠻橫地說：「我是胡總督大人的兒子，你們不要有眼不識泰山。要讓我父親知道了，別說丟了你的烏紗帽，怕是性命也難保。」

海瑞心裡想：「真是有什麼樣的老子就有什麼樣的兒子。胡宗憲仗勢欺人，徇私舞弊，兒子就目無法規，胡作非為。」可他嘴上卻和氣地說：「你可知道朝中嚴嵩太師獎譽胡大人奉公守法嗎？」

胡公子一聽神氣了，說：「你既然知道我父親是個大清官，就該馬上鬆綁，擺宴賠罪。」

「賠罪！胡大人既是清官，你是他的公子，又沒有一官半職，怎麼能帶這麼多人來胡作非為？你哪一點像胡大人？」海瑞氣憤地說：「你老實說，你是哪家的惡少，竟敢冒充胡大人的公子，敗壞胡大人的名聲？」說罷，海瑞將驚堂木一拍，喝道：「左右，將這歹徒痛打四十大板！」

一聲令下，只聽劈劈啪啪一陣響，直打得胡公子齜牙咧嘴，來回滾動，像豬似地嚎叫。

有一個胡宗憲的家犬，為了討好胡公子，對海瑞威脅說：「我們隨公子到你這裡遊玩，總督大人寫了親筆信，可不是冒充的。胡大人要怪罪下來，怕你後悔也晚了。」

海瑞一聽，又把驚堂木重重地一拍，說：「你們好大膽，還敢假造胡大人的信件，再重重打四十板。」

胡公子一夥，嚇得魂不附體，跪在地上，磕頭求饒，海瑞看看他們那個醜態，就叫住手，把這夥膽大妄為的「遊民」都關進了牢房。

當晚，海瑞給總督府寫了一個公文，說明淳安縣查辦了一起冒充胡大人親屬的案件，特別提到這夥歹徒偽造了總督府的朱印信件，要求嚴加懲辦。接著就命人帶著公文，押著犯人，連夜解往總督府。

把胡公子一夥押走後，衙門的一些官吏告訴海瑞，這胡公子確實是總督的兒子。海瑞說：「正因為這樣，我才說他是假冒的，要不，怎能懲辦這夥歹徒，這四十大板也就打不成了。」

官吏們聽了，個個欽佩「海大人」的智謀，可又為他捏一把汗。

胡公子回到總督府，鬧著要他父親狠狠地治一治海瑞。總督夫人看到兒子被打成這個樣了，痛哭流涕地威逼丈夫嚴懲海瑞。

可是胡總督看了海瑞的公文，又氣又恨，卻又無可奈何。他對夫人說：「你不知道，海瑞說他辦的是冒充官親的遊民，是一夥為非作歹的無賴之徒。要是不把實情說穿，孩子白白受屈；要是說穿了，那不是自己打自己的臉嗎？」

看來這胡總督雖有些蠻橫，倒還明智，因為他看出了海瑞這一手的厲害。

37 李通明哲保身

鄭板橋有：「美好者，不良之器。」人的本性總是不服輸、愛強出頭，孰不知，在你顯示自我聰明才智的同時，卻被別人「槍打出頭鳥」。因此，從某種意義上說，大智若愚、大巧若拙、大辯若訥、大柔若剛乃是聰明人的應對之策。

劉秀稱帝時，他的宰相叫李通。李通是他的妹夫，也是和劉秀一起出生入死的弟兄。

李通是河南宛縣人，由於他精通武藝，又熟讀兵書，所以得到了王莽的器重，拜他為王威將軍。

李通非常有遠見，他看出王莽改制的實質，知道王莽的江山必然會滅亡，便稱病告退。

王莽還真捨不得這員大將，一再挽留，但李通決心已定，毅然返回了家鄉。

由於李通為人忠誠，又不做貪贓枉法之事，所以沒有多少錢財。為了維持生活，他在家鄉以販賣穀子為生。

一次劉秀去買穀子，和李通結下了交情，二人越談越投機。劉秀認為李通文通武備，而且為官清廉，將來一定是大將之才。而李通也非常佩服劉秀，他認為劉秀能屈能伸，度量大，而且有雄心壯志，將來一定有一番大作為。因此二人經常往來，有時徹夜長談，論天下英雄豪傑，辯天下治國之道。

後來，劉秀起兵反王莽，便去請李通出山相助。開始之時，李通不同意，他想王莽畢竟對自己不薄。但後來，劉秀再三請求，李通終於答應了。

從此，劉秀在李通的幫助下，軍隊日益壯大。李通也跟著劉秀南征北戰，東擋西殺，經歷了無數艱難險阻，始終不動搖。從劉秀起義，到劉秀統一全國，李通的家族整整死了六十四人，李通可謂開國功臣。

劉秀認為李通為人忠誠，而且有勇有謀，便把自己的妹妹嫁給了他，建立東漢後，又封他為宰相。

劉玄手下有個謀士叫卓茂，此人足智多謀。他看到劉秀在河北招兵買馬、積草屯糧，便勸劉玄殺了劉秀。劉玄沒有聽進，卓茂一氣之下離開了劉玄，臨行前說道：「劉秀得天下的日子不遠了！」

劉秀得知有一個叫卓茂的人勸劉玄殺自己，認為此人很有遠見，便四處尋訪，終於找到卓茂。他對卓茂不但沒有恨意，反而十分敬佩，卓茂也被深深打動，後來做了劉秀手下的謀士。

劉秀對卓茂的話，非常信任。

有一天卓茂對劉秀說：「王莽當上宰相後，收買人心，網羅親信，一步步深入朝廷。後來，他又誅殺異己，把自己的爪牙布滿朝廷。最後，王莽重權在握，自己篡權奪位。因此宰相一職十分重要，不可不防啊！

後來劉秀建立東漢後，對卓茂的話也一直沒有忘記，他也覺得宰相一職事關重要，不能輕易任命宰相，否則對自己的皇位有威脅。

李通做了宰相後，劉秀雖然十分信任他，但重要之事從不和李通商量。李通一開始還認為劉秀忘恩負義呢，但後來一想，便明白了，原來皇帝是怕被宰相架空，有其名，沒有其權，怕出現王莽奪權之事。

李通非常聰明，自從他知道了劉秀的心思後，就處處迴避，儘量少參與朝政。他心想：多少把握要職的大臣，因為皇帝不信任而被害死了，我應該急流勇退，明哲保身！

於是，李通便和夫人商量，想告老還鄉。李通的夫人一聽，十分生氣，以為是哥哥劉秀難為李通了，也沒有說什麼，便悄悄地離開了後宮。

原來李通的夫人是找哥哥算帳去了，見到哥哥，她氣呼呼地說：「皇兄，你也太不講情面了，李通一家人為你出生入死，沒有功勞，還有苦勞呢，你為什麼逼著他辭官呢？」

劉秀丈二金剛摸不著頭腦，不知怎麼回事。他從小就非常寵著小妹，所以當時也沒有生氣，笑著問道：「小妹，為何說出此話啊，我根本沒有逼宰相辭職啊！」

李通夫人又和哥哥說了幾句，便回到了後宮。

劉秀知道李通要辭職，便立即召見李通，對他說道：「你隨朕出生入死，勞苦功高，朕怎麼捨得你離開呢？」

李通道：「陛下聖明，臣也想繼續輔佐您。可是多年征戰，臣身體欠佳，恐怕有其心而無其力啊！」

劉秀又道：「今雖有病，但病癒之後，仍可扶助朕。還是留下，安心休養吧！」

李通從此便稱病不上朝了，宰相的位置仍是李通的，可權力卻沒有了。李通也樂得清閒，每日陪夫人散心遊玩，再有空閒，便找友人下棋聊天。劉秀也十分高興，他正希望宰相少參與政事。

後來李通退回了宰相的印綬，便告老還鄉了。劉秀認為李通一生功績顯赫，便封他的兒子做了侯爺。李通去世時，他還親自去弔唁。

38 劉肥失小謀大

古人云：「留得青山在，不怕沒柴燒。」不失去一點小利益，就保不住自己的性命。沒有了生命，也就無所謂眼前的或長遠的利益。劉肥忍失小利，保全自己，是一種明智的選擇。

劉邦死後，太子劉盈當了皇帝，呂后成了呂太后。呂太后最恨戚夫人和趙王如意。劉邦死了，她就找機會毒死了如意，又讓人把戚夫人手腳砍掉，挖去雙眼，熏聾兩耳，再給她灌下毒藥，使她變成啞巴，然後扔在廁所裡，稱為「人彘」，並叫漢惠帝劉盈去看。漢惠帝看了大哭，回去就病了，一年多不能起床。從此他天天喝酒玩樂，不問政事，朝廷大權實際上落到呂太后手裡。

劉盈當皇帝後的第二年，齊王劉肥從自己的封地來長安朝見太后和漢惠帝。劉肥本是惠帝的哥哥，只不過他不是呂太后所生，所以沒能當上皇帝。惠帝見哥哥來看他，非常高興，就吩咐擺酒招待，並且讓哥哥坐在上位，自己在下面作陪。呂太后看了很生氣。因為皇帝是至高無上的，怎麼能讓別人坐上座呢？她就讓人斟了兩杯毒酒遞給劉肥，讓他給惠帝祝酒，哪知惠帝見齊王起身，也跟著站起來，拿過另一杯毒酒，打算弟兄倆一起乾杯。呂太后一看傻了眼，趕緊站起身來，裝作不小心，把惠帝手中的酒撞潑了。劉肥也不傻，見這情景知道其中有鬼，不敢再喝，就推說已經喝醉，告辭回去了。

劉肥回到住處，派人一打聽，知道剛才那酒果然有毒。他猜想呂太后不會放過自己，心中又害怕，又發愁。這時，一個下屬向他出主意說：「太后只有當今皇上和魯元公主這一兒一女，自然對他特別寵愛。如今大王您的封地有七十多座城，公主卻只有幾個城。您要是向太后獻上一郡，把它做為公主的湯沐邑，太后定會高興，您也就不會有危險。」

劉肥想想也沒有別的辦法，只好把自己封地中的城陽郡獻給公主，太后果然高興，劉肥這才平安地離開長安，回到了自己的封地。

39 李渤「藏巧於拙」

李渤採取的是一種「負負得正」的心理效應，迎合了人們不信任直接對己的甜言蜜語，而相信一個人與他人相處時表現出來的品質，即側面觀察的結果看似直接，實則大有深意，這是「藏巧於拙」成功處世的典型。

唐初重臣李渤，本是李密的部下。而在當初起兵時，李密與李淵父子之間，是勾心鬥角的兩部，只是李密後來被王世充打敗，他才隨故主投於李淵父子的麾下。此時天下大勢已趨明朗，李勣懂得只有取得李淵父子的絕對信任才有前途。於是他安排了這樣的行動：把他「東至於海，南至於江，西至汝州，北至魏郡」的所據郡縣地理人口圖派人送到關中，當著李淵的面獻給李密。說既然李密已決心投降，那他自己所據有的土地人口就應隨主人歸降，由主人獻出去，否則自獻就是據為己功、以邀富貴而屬「利主之敗」的不道德行為。李淵在一旁聽了，十分感慨，認為李勣能如此盡忠故主，必是一個忠臣。

李勣歸唐後，很快得到了李淵的重用，但是李密降後心懷怨恨，不久竟又反唐，事未果而「伏誅」。按理說，一般的人到了這個時候，避嫌猶恐過晚，但李勣卻公然上書，奏請由他去收葬李密。表面看，這似乎是李勣的一種愚忠，實際上，李勣早已料到這一舉動將收到以前獻土地人口同樣的神效。果然「朝野義之」，公推他是仁至義盡的君子。從此李勣更得朝野推重，恩及三世。

40 李淵以退為進

從軍事進攻的謀略來看，退卻可避免失敗。從對人生的態度來看，退卻有時也是一種進攻的策略。現代社會中，以退為進表現自我，也不失為一種良好的方法。

李淵任太原留守時，突厥兵時常來犯，突厥兵能征善戰，李淵與之交戰，敗多勝少，於是視突厥為不共戴天之敵。

部屬都以為李淵這次與突厥決一死戰，可李淵卻是另有打算，他早就想起兵反隋，可太原雖是軍事重鎮，卻不足為號令天下之地，而又不能離了這個根據地。那如果離太原西進，則不免將一個孤城留給突厥。經過這番思考，李淵竟派劉文靜為使臣，向突厥稱臣，書中寫道：「欲大舉義兵，遠迎聖上，復與貴國和親，如文帝時故例。大汗步發共相應，助我南行，幸而侵暴百姓。若但俗和親，坐受金帛，亦唯大汗是命。」

唯利是圖的始畢可汗不僅接受了李淵的妥協，還為李淵送去了不少馬匹及士兵，增強了李淵的戰鬥力。而李淵只留下了三子李元吉固守太原，由於沒有受到突厥的侵襲，李淵得以不斷從太原得到給養，最終戰勝了隋煬帝楊廣，建立了大唐王朝，而唐朝興盛之後，突厥不得不向唐朝乞和稱臣。

唐高祖李淵以退為進，為自己雄心大志贏得了時間。如果不能忍一時，李淵外不能敵突厥之犯，內不能脫失守行宮之責，其境險矣，忍一時而成了大謀。

41 曹操遇事「知止」

古人云：「知止而止。」知道該停止就停止，這是永恆不變的真理。比如說，你走錯了路，你就需要停止，否則會越走越遠；你做了不正當的事，你需要停止，否則會有災禍；你定錯了目標，需要停止，否則會與成功遠離。

三國時期最大的奸雄當數曹操。他之所以能力挫群雄，統一北方，這與他卓越的政治、軍事才能分不開的。在中國歷史上，他被譽為：「治世的能臣，亂世的奸雄」。魯迅先生對他也有較為客觀、公正的評價：

「說到曹操，人們立刻會想到《三國演義》，而且他長期扮演奸惡的角色，舞台上也常被當作奸臣的象徵，然而這並不是觀察曹操的正確方法……曹操確實是非常有能力的人物，至少是個英雄。」

魯迅先生尚給予如此高的評價，那麼足見曹操可圈可點的地方不少。歸納一下，如下幾點或許可以代表他的實績：一是任人唯賢、知人善任；二是擅長策略戰術，並能以身作則、身先士卒；三是富決斷力。

前兩者不獨為曹操所擁有，至於第三點，曹操做得的確很出色。每逢起兵打仗，或周旋於政治舞台，他一看形勢不對，就絕不勉強、硬撐，而是見風使舵、及時避險。換言之，他懂得「適時而止，適可而止」。

有一次，他揮師進攻被蜀軍占領的漢中，初戰告捷後，正在思考下一步部署，此時大將司馬懿進言道：「應立即加快進攻，乘勝追擊，否則，就會延誤殲滅劉備的時機。」

司馬懿的意思是乘勢擴大戰果，將大軍推進到蜀地，消滅劉備蜀漢政權。然而曹操卻說：「人最苦於不足，既已得隴右，何須再貪蜀焉？」

他的這句話是說：不要冒險攻蜀了，應見好就收吧。知難而退，也是一種策略。

數年後，劉備又攻入漢中，來勢洶洶。這次曹操又親自領兵來戰。

劉備採取「以逸待勞」、「釜底抽薪」戰術，切斷了曹軍的糧草補給線。精於策略戰術的曹操對此深感不安。他深知勞師遠征、糧草不濟必然陷於苦戰，戰則不利，因此有退兵之意。一天晚上，巡夜官前來聽取當晚的口令，他的目光突然落到碗裡的雞肋上，信口說了聲：「雞肋。」諸將不解其意，還以為是口令呢。唯有書記官楊修知道曹操的心思，他便悄悄吩咐士兵們收拾行裝，準備撤兵，有人問楊修何以知之，楊說：「雞肋，食之無味，棄之可惜。而漢中猶如雞肋，居之無益，不若棄之，是以知之。」後來曹操雖以蠱惑軍心殺楊治罪，但退兵還是照常進行了。此度雖勞而無功，卻也保全了曹軍元氣。

曹操遇事「知止」，所以，得以維持住了政治軍事的優勢，最終奠定了曹魏的基礎。

42 郭德成的遠慮

郭德成臨出宮門時故意露出黃金，確實是聰明之舉。而且他的這種做法，與一般意義上的大智若愚又有所不同，他不只是裝傻，而且預料到可以出現的麻煩，防患於未然。

洪武年間，郭德成在樂無璋麾下任驍騎指揮。

一天，郭德成被召到宮中，臨出來時，明太祖拿出兩錠黃金塞到他的袖中，並對他說：「回去以後不要告訴別人。」面對皇上的恩寵，郭德成恭敬地連連謝恩，並將黃金裝在靴筒裡。

但是，當郭德成走到宮門時，卻又是另一副神態，只見他東倒西歪，儼然是一副醉態，快出門時，他又一屁股坐在門檻上，脫下了靴子，靴子裡的黃金也就露了出來。

守門人一見郭德成的靴子裡藏有黃金，立即向朱元璋報告。朱元璋見守門人如此大驚小怪，不以為然地擺擺手：「那是我賞賜給他的。」

有人因此責備郭德成道：「皇上對你偏愛，賞你黃金，並讓你不要跟別人講，可你倒好，反而故意露出來鬧得滿城風雨。」

對此，郭德成自有高見：「要想人不知，除非己莫為，你們想想，宮廷之內如此嚴密，藏著金子出去，豈有別人不知之理？別人既知，豈不說是我從宮中偷的？到那時，我怕渾身長滿了嘴也說不清了。再說，我妹妹在宮中服侍皇上，我出入無阻，怎麼知道皇上是否是以此來試一試我呢？」

43 司馬懿裝病奪權

鄭板橋說：「大巧若拙，大勇若怯，天下之智皆在一個『藏』字。」與人交往，藏得巧妙，則能後發制人、出其不意，比之鋒芒畢露者不知高出多少倍。

魏明帝時，曹爽和司馬懿同朝執政。司馬懿被升作太傅，其實是明升暗降，軍政大權落入曹爽家族。司馬懿見此情景，便假裝生病，閒居家中等待時機。

曹爽驕橫專權，不可一世，唯獨擔心司馬懿。正值李勝升任青州刺史，曹爽便叫他去司馬府辭行，實為探聽虛實。司馬懿明析實情，就摘掉帽子，散開頭髮，擁被坐在床上，假裝重病，然後請李勝入見。

李勝拜見過後，說：「一向不見太傅，誰想病到這般。現在小子調作青州刺史，特來向太傅辭行。」

司馬懿佯答：「并州靠近北方，務必要小心啊！」

李勝說：「我是往青州，不是并州！」

司馬懿笑著說：「你是從并州來的？」

李勝大聲說：「是山東的青州！」

司馬懿笑了起來：「是青州來的？」

李勝心想：這老頭怎麼病得這般厲害？都聾了。

「拿筆來！」李勝吩咐，並寫了字給他看。

司馬懿看了才明白，笑著說：「想不到耳都病聾了！」手指指口，侍女即給他喝湯，他用口去飲，又瀉了滿床，噎了一番，才說：「我老了，病得又如此沉重，怕活不了幾天了。我的兩個孩子又不成才，望先生訓導他們，如果見了曹大將軍，千萬請他照顧！」說完又倒在床上，喘息起來。

李勝拜辭回去，將情況報告給曹爽，曹爽大喜，說：「此老若死，我就可以放心了。」

從此對司馬懿不加防範。

司馬懿見李勝走了，就起身告訴兩個兒子說：「從此曹爽對我真的放心了，只等他出城打獵的時候，再給點厲害讓他嘗嘗。」

不久，曹爽護駕，陪同明帝拜謁祖先。司馬懿立即召集昔日的部下，率領家將，占領了武器庫，威脅太后，消除曹爽羽翼，然後又騙曹爽，說只要交出兵權，並不加害他。等局勢穩定了，司馬懿就把曹爽及其黨羽通通處斬，順利掌握了魏朝軍政大權。

第五章　巧妙處世的智慧

古人云：「世事洞明皆學問，人情練達即文章。」班傑明．富蘭克林說：「成功的第一要素就是要懂得如何處理好人際關係。」處世能力是人生最重要的能力之一。掌握處世的智慧，能讓你輕鬆戰勝挫折和困難，擁有好人緣，自如應對錯綜複雜的人際關係。

44 梁人澆瓜

子曰：「其恕乎！己所不欲，勿施於人。」這裡的「恕」是凡事替別人著想的意思，即自己不喜歡做的事，不要強加在別人身上。這是待人處事的基本修養，如能做到這一點就可以建立良好的人際關係。

戰國時的梁國與楚國相臨，兩國在邊境上各設一界亭，亭卒也都在各自的地界裡種了西瓜，梁亭的亭卒勤勞，鋤草澆水，瓜秧長勢極好，而楚亭的亭卒懶惰，不事瓜事，瓜秧既瘦又弱，與對面瓜田的長勢簡直不能相比。楚亭的人覺得失了面子，有一天趁夜無月色，偷跑過去把梁亭的瓜秧全部扯斷了。梁亭的人第二天發現後，氣憤難平，報告邊縣的縣令宋就，說：「我們也過去把他們的瓜秧扯斷好了！」宋就說：「這樣做顯然很卑鄙的！可是我們明明不願他們扯斷我們的瓜身，那麼為什麼再反過去扯斷人家的瓜秧？別人不對，我們再跟著學，那就太狹隘了。你們聽我的話，從今天起，每天晚上去給他們的瓜秧澆水，讓他們的瓜秧長得好，你們這樣做的時候，一定不可以讓他們知道。」梁亭的人聽了宋就的話後覺得有理，於是照辦了。楚亭的人發現自己的瓜秧長勢一天好似一天，仔細觀察，發現每天都被人澆過了，而且是梁亭的人在黑夜裡悄悄地為他們澆的。楚國的邊縣縣令聽到亭卒們的報告，感到十分慚愧又十分敬佩，於是把這件事報告了楚王。楚王聽說後，也感於梁國人修睦邊鄰的誠心，特備重禮送梁王，既以示自責，亦以示酬謝，結果這一對敵國成了友好的鄰邦。

45 韓琦處理糾紛

人總不免要與他人交往，一團和氣才能與人為友，如果與人相處像是一杯水的話，那麼和氣就是替這杯水加的糖。以和為貴是一種較高的處世境界，更是一種聰明的交友態度。

宋英宗剛即位時，一天慈壽太后差人送給韓琦一封密札。密札中說皇上和高皇后不侍奉她，要韓琦「為孀婦作主」，並敕命太監等著韓琦回報。韓琦只說「領旨」，便將太后派來的太監打發走了。

一天韓琦上了封札子，說有重要事請示，需要單獨見皇帝。於是英宗單獨召見了他。見面後，韓琦對英宗說：「您不要吃驚，有一封信必須給您看，把事情說明白，只是不能洩露……皇上能有今天，全靠慈壽太后的力量，此恩不可忘記。雖然不是親生母子，但只要多加奉承，便可以相安無事了。」英宗說：「一定接受先生的教益。」韓琦又說：「太后的這封信，臣不敢留。希望能在宮中祕密燒掉，如果洩露出去，讒言將會趁機興起。」英宗連聲贊同。這以後，太后與皇帝、皇后的關係很融洽，人們根本看不出曾發生過矛盾。

46 馮諼討債

許多時候，得與失，福與禍都是互為轉化的。從表面上看，有時吃了虧，但下次可能得到的更多；有時吃虧表面上是禍，其實是福。所以，俗話說：「吃一分虧，增一分福。」

戰國時，齊國的孟嘗君是以養士而聞名的相國。他的真誠待人，感動了一個具有真才實學而又十分落魄的士人——馮諼。馮諼在受到孟嘗君的禮遇後，決心為他效力。一次孟嘗君準備讓人到其封地薛邑討債，問誰肯去，馮諼說：「我願去，但不知用催討回來的錢，買什麼東西？」孟嘗君說：「就買點我們家沒有的東西吧！」馮諼領命而去。

馮諼來到薛城，發現這裡的老百姓聽說收帳的來了，都叫苦連天。收了兩天，只收上來一部分錢，馮諼仔細一調查，得知這裡的老百姓生活的確很貧苦，許多欠了孟嘗君帳的人，根本還不起帳。於是馮諼特意把老百姓召集在一起，對他們宣布說：「孟嘗君放帳給你們，本意是救濟你們，並不是貪圖錢財。我來收帳，是因為他養了三千多門客，錢不夠用。但是在臨來之前，孟嘗君囑咐我，能還帳的，你收；暫時還不了的，就緩收；真正還不起的，就把借據燒了，一概免了！」眾人一聽，齊聲高呼：「孟嘗君真是我們的恩人！」

孟嘗君聽馮諼回來向他匯報，說只收了一部分錢，把大量的借據都燒了，孟嘗君頓時臉上變了顏色，說：「只收回這一點錢財，怎麼能養活三千門客呢？誰讓你自作主張燒借據的？我一直以為你有什麼特殊才能，按最高的待遇招待你，你就這樣為我做事嗎？」

馮諼說：「您別生氣，那裡的百姓非常窮苦，您留著借據也收不回來，還不如燒掉，換取老百姓對您的感激。我走時，您曾說，這裡缺什麼，就給您帶什麼回來，我認為這裡最缺少的不是錢財，而是民心，我就給您買回來了。」

孟嘗君無可奈何，只好恭維說：「先生眼光遠大，佩服，佩服。」

然而過了不久，孟嘗君的名聲果然大了起來，秦國國君原想得到孟嘗君，可孟嘗君離他而去。現在見孟嘗君在齊國名聲越來越大，並受到重用，就派人到齊國散布謠言，說孟嘗君收買人心，名聲比齊國國君都大，齊國國君的位子要讓給孟嘗君做了。齊國國君聽信謠言，立即罷免了孟嘗君的相位，叫他回自己的封地。

孟嘗君被革職了，交出了宰相大印，往日的三千門客一下子幾乎全散了，只有那個燒了借據的馮諼，寸步不離地跟著他。孟嘗君感到十分淒涼。

後來，馮諼駕著車子，和孟嘗君一起回封地薛城。薛城的老百姓聽說孟嘗君回來了，都從家裡出來，到大路上迎接他。他們有的帶著瓜果，有的帶著雞鴨，有的提著酒漿。孟嘗君見到這種情景，感激得掉下了眼淚，心服口服地對馮諼說：「先生替我買回了民心，您的確為我買來了最重要的東西。」或許，此刻孟嘗君真正感受到了吃虧的好處。

47 美女珍珠

真誠是美德，但過於真誠就是愚蠢了。為人處世切忌「見人全拋一片心」，否則遇人不賢，極易被人利用。因此，與人交往在堅守美德的同時，也要留個「心眼」，善於知人、察人。

戰國時期，魏國國王向楚懷王贈送了一名美女。這名美女生得眉清目秀，可與西施媲美。楚懷王自然對她十分傾心，並取名為珍珠，說是捧在手上怕掉了，含在口中怕化了。二人成天形影不離。

楚懷王原本有名愛妾，名叫鄭袖。珍珠未來之前，懷王整天與她在一起，如今來了一個珍珠，懷王對她漸漸疏遠了。鄭袖對懷王的移情別戀十分惱火，同時對珍珠嫉妒得幾乎發狂。然而鄭袖沒有大吵大鬧，她知道那樣對自己不利，弄不好會送了小命。表面上鄭袖對珍珠百般疼愛，視為自己的親妹妹，稍有空就坐在一塊聊天，以此向懷王表示，她對珍珠絲毫不嫉妒。

有一天，鄭袖偷偷地對珍珠說：「大王對你很滿意，也十分寵愛你，不過對你的鼻子他好像有點看不慣，大王曾在我面前說了幾次，所以以後你在大王面前，一定要將自己的鼻子捂住。」珍珠壓根兒不知道，鄭袖設的圈套，自己已慢慢地鑽了進去。從此她在懷王面前，總是一隻手捂住鼻子，並做出難受狀。懷王莫名其妙，便來詢問鄭袖。一開始，鄭袖故意裝出一副遲疑的樣子，欲言又止。「別害怕，有什麼就說出來嘛！」懷王說道。「珍珠……珍珠在我面前說大王有體臭，並說特別難聞。所以她就捂住自己的鼻子。」

楚王脾氣十分暴躁，聽完鄭袖的話，一氣之下，將珍珠處以割鼻的劓刑。鄭袖又回到了懷王的懷抱。珍珠空負美女之名，不懂得保護自己，最終的下場實在可悲。

48 周宛雲的處世良方

周宛雲的「不容易」，可以理解為寫得好不容易，可以理解為你的程度能寫出這種詩也就很不容易，也可以說能把詩寫得如此糟糕很不容易……那些自我感覺良好的人，通通都把這句話當補藥吃了。他們只不過是藉此說明自己有程度罷了。

清初，有位詩賦名家叫周宛雲，當時聞其名而拿詩向他請教的人絡繹不絕，都以能見他一面、聆聽他的教誨而深以為幸。

剛開始時，周宛雲見別人千里迢迢向他求教，特別盡心，是非曲直，好壞褒貶，一點也不隱瞞，以為只有這樣，這些求教於自己的人才會有所收穫。誰知這些人拿著詩稿都是興沖沖而來，經他批評一番之後，一個個垂頭喪氣而去。時間一長，外面議論宛雲老先生的話便多了起來：有人說他狂傲，有人說他自以為是，有人說他浪得虛名，有人說他黑白不分等等，不一而足。

周宛雲老先生十分後悔，對朋友訴苦說：「我既不想招來別人的怨恨，更不想把他們狗屁不通的詩說成是天下絕作，這樣該如何是好呢？」朋友淡然一笑，撫慰他說：「你呀！既不說他詩好，又不說不好，只說一句『真不容易』就不結了？」

周宛雲老先生豁然開朗，對朋友這一妙招點頭稱是。

這一天，又有老頭騎著毛驢，帶著上百卷詩稿，前來向他求教，他改變以前的做法，和顏悅色地問老頭：「您作詩到如今有多少年頭了？」老頭頗為自豪地說：「快四十年啦！」周宛雲老先生用手拍拍詩稿：「在四十年裡，竟能作出一百多卷詩來，真不容易呀！」老頭連連說：「哪裡哪裡！」心滿意足而去。

從此以後，向周宛雲請教的人都高興而來，滿意而歸。他們回去都向別人說：「宛雲老先生說我的詩不容易，真是有眼光！」

49 不痴不聾，不做家翁

家庭出現糾紛時，如果採取大事化小，小事化了，睜一隻眼閉一隻眼的態度，自然能冰釋前嫌。這時，做長輩的去調解時，也應注意採取正確有效的方法，以避免造成誤解和引發矛盾。

郭子儀在掃平安史之亂後，成為復興唐室的元勛。唐代宗十分敬重他，因此將女兒昇平嫁給郭子儀之子郭曖為妻。

有一天，小倆口拌起嘴來，郭曖看見妻子擺出一副臭架子，根本不把他這個丈夫放在眼裡，憤懣不平地說：「你有什麼了不起的，就仗著你老子是皇上！實話告訴你吧，你父皇的江山是我父親打敗了安祿山才保全的，我父親因為瞧不起皇帝的寶座，所以才沒當這個皇帝。」昇平公主聽到郭曖出此狂言，氣得立刻奔回宮裡稟報了唐代宗。

唐代宗聽完女兒的投訴，不動聲色地說：「你是個孩子，有許多事還不懂。我告訴你吧，你丈夫說的都是實情。天下是你公公郭子儀保全下來的，如果你公公想當皇帝，早就當上了，天下也早就不是咱們李家的了。」唐代宗對女兒勸慰一番，叫女兒不要抓住丈夫的一句話，亂扣「謀反」的大帽子，小倆口要和和氣氣地過日子。在父王的耐心勸解下，公主消了氣，自動回到了郭家。

這件事很快讓郭子儀知道了，可把他嚇壞了。他覺得，小倆口吵架不要緊，可兒子口出狂言，幾近謀反，這著實叫他惱火萬分。郭子儀即刻令人把郭曖捆綁起來，迅速送到宮中面見皇上，要求皇上嚴厲懲罰治罪。可是，唐代宗卻和顏悅色，一點也沒有怪罪的意思，還勸慰說：「小倆口吵嘴，話說得過分點，咱們當老人的不要認真了。不是有句俗話嗎，『不痴不聾，不為家翁』，兒女們在閨房裡講的話，怎好當起真來？咱們做老人的聽了，就把自己當成聾子和傻子，裝作沒聽見就行了。」聽了老親家這番合情入理的話，郭子儀心裡的石頭落了地。

50 魯肅「雪中送炭」

俗話說：「雪中送炭，勝過錦上添花。」人對雪中送炭之人總是懷有特殊的好感。對身處困境中的人僅僅有同情之心是不夠的，應給予具體的幫助，使其度過難關，這種雪中送炭、分憂解難的行為，最易引起對方的感激之情，進而形成友情。

三國爭霸之前，周瑜並不得意。他曾在軍閥袁術部下為官，被袁術任命當過一回小小的居巢長，即一個小縣的縣令罷了。

這時候地方上發生了饑荒，年成既壞，兵亂間又損失不少，糧食問題日漸嚴峻起來。居巢的百姓沒有糧食吃，就吃樹皮、草根，活活餓死了不少人，軍隊也餓得失去了戰鬥力。周瑜做為父母官，看到這悲慘情形，急得心慌意亂，不知如何是好。

有人獻計，說附近有個樂善好施的財主魯肅，他家素來富裕，想必囤積了不少糧食，不如去問他借。

周瑜帶上人馬登門拜訪魯肅，剛剛寒暄完，周瑜就直接說明來意：「不瞞老兄，小弟此次造訪，是想借點糧食。」

魯肅一看周瑜神色俊朗，顯而易見是個才子，日後必成大器，他根本不在乎周瑜現在只是個小小的居巢長，哈哈大笑說：「此乃區區小事，我答應就是。」

魯肅親自帶周瑜去查看糧倉，這時魯家存有兩倉糧食，各三千斛，魯肅痛快地說：「也別提什麼借不借的，我把其中一倉送予你好了。」周瑜及其手下一聽他如此慷慨大方，都愣住了，要知道，在饑餓之年，糧食就是生命啊！周瑜被魯肅的言行深深感動了，兩人當下就成了朋友。

後來周瑜當上了將軍，他沒有忘記魯肅的恩德，將他推薦給孫權，魯肅終於得到了大展宏圖的機會。

51 龔遂讓功

喜好虛榮，愛聽奉承，這是人類天性的弱點，做為一個萬人注目的帝王更是如此。做臣下的，最忌諱自表其功，自矜其能，凡是這種人，十之八九要遭到猜忌而沒有好下場。

龔遂是漢宣帝朝代一名能幹的官吏。當時渤海一帶災害連年，百姓不堪忍受饑餓，紛紛聚眾造反，當地官員鎮壓無效，束手無策，宣帝派七十多歲的龔遂去任渤海太守。

龔遂單車簡從到任，安撫百姓，與民休息，鼓勵農民墾田種桑，規定農家每人種一株榆樹，一百根茭白，五十棵蔥，一畦韭菜，養兩口母豬，五隻雞，對於那些心存戒備，依然帶劍的人，他勸喻道：「幹麼不把劍賣了去買頭牛？」經過幾年治理，渤海一帶社會安定，百姓安居樂業，溫飽有餘，龔遂名聲大振。

於是，漢宣帝召他還朝，他有一個屬吏王先生，請求隨他一同去長安，說：「我對你會有好處的！」其他屬吏卻不同意，說：「這個人，一天到晚喝得醉醺醺的，又好說大話，還是別帶他去為好！」龔遂說：「他想去就讓他去吧！」

到了長安後，這位王先生終日還是沉溺在醉鄉之中，也不見龔遂。可有一天，當他聽說皇帝要召見龔遂時，便對看門人說：「去將我的主人叫到我的住處來，我有話要對他說！」

一副醉漢狂徒的嘴臉，龔遂也不計較，還真的來了。王先生問：「天子如果問大人如何治理渤海，大人當如何回答？」

龔遂說：「我就說任用賢才，使人各盡其能，嚴格執法，賞罰分明。」

王先生連連擺頭道：「不好！不好！這麼說豈不是自誇其功嗎？請大人這麼回答，『這不是小臣的功勞，而是天子的神靈威武所感化！』」

龔遂接受了他的建議，按他的話回答了漢宣帝，宣帝果然十分高興，便將龔遂留在身邊，任以顯要而輕閒的官職。

52 司馬相如當夥計

俗話說：「死要面子，活受罪。」中國人素來愛面子，故事中的卓王孫便是如此。司馬相如夫婦正是抓住了這一點，故意不給卓王孫的面子，讓他下不了台，從而使其做出讓步。

漢代的大辭賦家司馬相如，出川漫遊，以一篇《子虛上林賦》聞名四方。博雅之士，無不以結識司馬相如為榮。但司馬相如放任不羈，不拘禮教，又不治事業，一派浪蕩公子相。

這一年，司馬相如外遊歸川，回成都的路上，路過臨邛。臨邛縣令久仰司馬相如之名，恭請至縣衙。此事驚動了當地富豪卓王孫。他也想結識一下，以附庸風雅。但他仍擺脫不了商人的庸俗，故而實為請司馬相如，但名義上卻是請縣令王吉，讓司馬相如作陪。司馬相如本來看不起這般無才暴富之人，所以壓根兒沒準備去陪宴。

到了約定日期，司馬相如卻沒有來。卓王孫如熱鍋螞蟻，王吉只好親自去請。司馬相如駁不過王吉面子，來到卓府，卓王孫一見他的穿戴，心中早已懷瞧不起之意，司馬相如全然不顧這些，大吃大嚼，只顧與王吉談笑。

忽然，內室傳來淒婉的琴聲，司馬相如一下子停止了說笑，傾耳細聽起來。原來這是卓王孫女兒卓文君所奏。司馬相如彈了一曲《鳳求凰》向卓文君表達愛意。卓文君也愛慕司馬相如的相貌和才華，當夜私奔到司馬相如處，以身相許。兩人一起逃回成都。卓王孫知道後，氣得暴跳出雷，發誓不准他們返回家門。

卓文君隨司馬相如回到成都後才知道，她的夫君雖然名聲在外，但家中卻很貧寒。萬般無奈，他們只好返回臨邛，硬著頭皮託人向卓王孫請求一些資助。不料，卓王孫破口大罵。

夫婦倆心都涼了半截，可是到底他們兩人都有才，很快想出了一個「絕招」。第二天，司馬相如把自己僅有的車、馬、琴劍及卓文君的首飾賣了一筆錢，在距離卓府不遠的地方租了一間屋子，開了一個小酒鋪。司馬相如穿上夥計衣服，捲起袖子和褲腿，像酒保一樣，又是擦桌椅，又是搬東西；卓文君則粗布衣裙，忙裡忙外，招待來客。酒店剛開張，就吸引了許多人前來目睹這兩位遠近聞名的落難夫婦。司馬相如夫婦一點也不感到難堪，內心倒很高興，因為這正好達到了他們的目的——給頑固不化的老爺子丟人現眼。

有幾個朋友勸卓王孫說：「令嫒既然願意嫁給他，就隨她去吧。再說司馬相如畢竟做過官，還是縣令的朋友。儘管現在貧寒，但憑他的才華，將來一定會有出頭的日子，應該接濟他們一些錢財，何必與他們為難呢？」萬般無奈，卓王孫分給卓文君夫婦僕人兩名，錢財百萬，司馬相如夫婦大喜，帶上僕人和錢財，回成都生活去了。

53 烤肉上的頭髮

事有蹊蹺，就要查明誰有可能從突發事件中得利，不要匆忙地按別人的計劃行事，中了別人的圈套。

晉文公很喜歡吃烤肉，專為他烤肉的廚師自然也很得他喜愛，待遇優厚。

一天，晉文公吃烤肉時，竟然發現肉上有一根頭髮。晉文公大怒，召來廚師，欲治其罪。廚師連連磕頭，說自己犯了三條大罪。

晉文公覺得奇怪，問他怎麼會有三條罪呢？

廚師說：

一是他把刀磨得飛快，卻沒能切斷這根頭髮。

二是他仔細小心地把肉串到竹籤上，睜大著眼睛卻沒有看到頭髮。

三是爐火那麼旺，肉烤熟了卻沒燒掉頭髮。

晉文公於是問他：廚房中誰有可能替代你的位置呢？

廚師說出了一個人。晉文公命人把他帶來審問。果然是這個人所為，意在激怒主人，治罪廚師，自己取而代之。

54 曹彬對付小人

有君子就有小人，這是社會的客觀存在。對付小人一味躲避恐不是上策，曹彬將其納入自己的掌握之中，不失為一種聰明的辦法。

北宋開國名將曹彬為人誠實，寬厚仁義，尤以御將有方而為世人稱道，史稱「氣質淳厚」。其實曹彬對付小人也很有一套辦法。

有一次，宋太祖趙匡胤任命曹彬為主將，率軍征討南唐，臨行前，太祖交給他一把尚方寶劍，說：「副將以下，不聽命者斬之。」接著又問曹彬還有什麼要求。曹彬說，請求皇上恩准，調用將軍田欽祚擔任另一路的前敵指揮官。這一請求弄得部下們莫名其妙，因為大家都知道，這個姓田的既狡猾又貪婪，愛爭功名，最讓人嫌惡的是愛在背後打小報告。這樣的人，大家躲都來不及，為什麼還要把他弄到軍中呢？

曹彬事後曾對心腹言明個中道理：「此番南征，任務艱巨，時間要很長，需要朝中群臣的全力支持，自己領兵在外，若朝中有人不斷進讒言搗亂，這很有可能壞了大事，而這個田某就極可能是這樣的角色；要防他，最好的辦法就是把他放到自己的眼皮底下，派他一點用場，分他一點功名，堵住他的嘴；再者還有尚方寶劍嘛，不怕他鬧事。」

這樣一說，心腹才明白曹彬的深遠用意，連稱高明。

第六章　凡事順利的法門

古人云：「世上的事情都有一個恰到好處的分寸。因此，有一分謹慎就有一分收穫，有一分疏忽就有一分缺失。十分謹慎就會完全成功；完全疏忽就會徹底失敗。」可見，做事講究謹慎用心。

55 崔安潛以智治盜

崔安潛運用智慧，使西川盜風大減，是真正的智者。

因此，辦事一定要有智慧，也就是說用智慧去辦事才能事半功倍。事情是不變的，是「方」；而智慧卻是萬千的，是「圓」。用「圓」去解決「方」，會收到絕妙的效果。

西川歷來是漢族和少數民族雜居之地，治安一直很亂，盜賊很多，居民家中經常失竊，人們怨聲載道，希望官府有人出面治理。但西川的前幾任官吏不是因為沒能力就是官匪勾結，盜賊問題始終沒有得到解決，他們也都因此被罷了官。

唐僖宗乾符六年（西元八七九年）四月，崔安潛被任命為西川節度使。崔安潛上任後，除了處理一般政務以外，沒有提及盜賊擾民問題，蜀中人感到很奇怪，私下議論說：「別的官吏在上任之初都是首先治理盜賊，新任官員沒有對盜賊採取什麼措施，莫非又與以往的官吏一樣？老百姓的生活真難啊！」有人把這些街頭巷尾的議論，報告給了崔安潛。

崔安潛聽後說：「這裡的盜賊擾民是個嚴重的社會問題，必須嚴加治理，但以往盜賊之所以如此猖獗，是因為捕盜官吏相通，致使盜賊久禁不絕。如果我們還按照以往的辦法去捕盜，派很多人去搜捕，那是用拳頭打跳蚤，我們在明處，盜賊在暗處，他們來無影，去無蹤。況且，盜賊的臉上也沒有寫著自己是盜賊，因此，派人進行大規模搜捕不僅勞民傷財，而且徒勞無益。這也是以往官吏禁盜賊而不見效的原因。」崔安潛又說：「對待這裡的盜賊，我有個萬全之策。」他對下人耳語了一番，讓下人按照自己的吩咐去準備。

初五這天，崔安潛撥出了節度使府庫的公錢一千五百緡，分別放置在成都蠶市、藥市、寶市三處鬧市，並在市上張貼榜文說：「如果有人能告發並逮捕一個盜賊，賞錢五百緡。盜賊必有同夥，若同夥告發可以赦免告發者罪，和平常人一樣領賞，望大家奮勇捕盜，絕此禍患。」

告示貼出以後，為了驗證自己的計策，崔安潛經常騎馬到三市巡視。

一天，崔安潛看到一個人押著另一個人來到蠶市，被押解的人還有些不服氣，他知道這是盜賊。於是，對盜賊說：「你既然知道我有榜文，為何不將你的同夥逮捕送往官府，如果你這樣做，他就該處死，你就該受到獎賞了。現在你既然被他先告發，還有什麼話好說！」捕賊的人得到了賞錢，並當著盜賊和圍觀群眾的面當場兌現，盜賊低垂著腦袋無言以對，圍觀的群眾拍手稱快，讚嘆節度使除盜賊的新方法。

盜賊被押到市上剮死。此事傳出以後，諸盜賊與他們的同夥互相猜疑，惶惶不可終日，在成都無容身之地，就紛紛逃離西川，有的洗心革面，不再操舊業，從此，西川境內盜患大減。

56 李氏的遠見

智者做任何事都會認真思考，理智規劃，然後再去做，因此他們能看到未來的福和禍，能預先判斷出事情的利與弊。事情開始露出苗頭，就知道其發生的結果；事情一旦發生，就知道它的趨勢。

漢武帝的李氏本來就是一位歌妓，她有個哥哥叫李延年，深通音律，擅長歌舞，武帝很喜歡他。

有一次，李延年在武帝面前一面舞蹈，一面唱著一首歌：「北方有佳人，絕世而獨立，一顧傾城，再顧傾人國，寧知傾城與傾國？佳人難再得。」武帝聽了這首歌，突然感慨起來說：「妙啊！世人難道有這樣的佳人嗎？」武帝的姐姐平陽公主趁機舉薦：「李延年有個妹妹，就是這樣的一位佳人。」武帝於是立刻召見她，果然是美麗非凡，而且擅長舞蹈。從此深得武帝的寵愛，且生了一個男孩，就是後來的昌邑王。

遺憾的是李氏短壽，很年輕就死了。在她病危的時候，武帝親自去看她，她把臉蒙在被中說：「我病久了，容貌很難看，不能再見皇上了。但求皇上待我死後，能多多照顧昌邑王和我的弟兄。」

武帝說：「你病重了，深恐難以痊癒，現在當面見我把昌邑王和弟兄的事託給我，不是更好嗎？」

李夫人說：「女人們沒有妝飾好，不能見君主。」武帝這時還要堅持見她一面，她就索性翻過身去，嗚嗚咽咽地哭泣，不再開口。武帝不高興地走了。

她的姐妹責備她為什麼不與武帝見面，她說：「皇上如此戀我，無非因為我昔日的美貌。如果讓他看見我的病容，他一定會厭惡我，甚至會把我拋棄，哪裡會再想念我，照顧我的弟兄呢？」

一個久病不起的人，其容顏必然憔悴。漢武帝喜歡的是具有羞花閉月的李氏，而不是行將就木的病婦。具有遠見的李氏深知這一點，假若皇上目睹了她的病容，就會產生厭惡感，厭屋及烏，更不會關照他的親屬。這正是她智者的遠見。

57 孫亮見微知著判原委

孫亮見微知著，判清蜂蜜之中鼠屎的原委，正是他細膩、周到、全面地分析問題，不疏忽一個小問題的結果。

孫亮是三國時東吳皇帝孫權的孫子。孫亮小小年紀聰明好學，遇事肯動腦筋，深得孫權的寵愛。赤烏十三年，孫權一錘定音：立七歲的孫亮為太子。孫權死後，年僅九歲的孫亮繼位東吳皇帝。

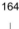

初夏時節，皇家花園的梅子樹上，結滿了梅子。殷紅的梅子在陽光下泛著光澤，惹人喜愛。

這天，少年皇帝孫亮信步來到花園賞果，當他看到一串串殷紅的梅子時，饞涎欲滴，忍不住叫侍從們摘下幾串梅子嘗新。梅子入口，清脆酸甜，口舌生津，孫亮對侍從們說：「口感不錯，只是略酸了點。」

一個侍從趨前一步，對孫亮說：「皇上喜歡吃，何不用蜂蜜浸泡一下？這樣醃製後的梅子，不但酸味會大大降低，而且別有一番風味哩。」

孫亮一聽有理，馬上命小太監去倉庫取蜜。約莫半個時辰後，小太監捧著一罈蜜回來。小太監打開罈蓋，孫亮伸頭一看，好噁心，原來有好幾粒老鼠屎浮在蜜上。孫亮馬上沉下臉來，問道：「蜜罈裡怎麼會有老鼠屎？」

取蜜的小太監馬上接話，答道：「只有問庫吏才知道。」

孫亮氣憤地說：「把庫吏馬上給我找來！」

一會兒，滿頭大汗的庫吏被帶到孫亮面前。孫亮指著庫吏怒氣衝衝地說：「你是怎麼搞的，連幾罈蜜都看不好，真是白吃飯了！」

庫吏嚇得臉色發白，渾身顫抖，跪在地上，磕頭如搗蒜，口中訥訥自語：「我有罪，我有罪。」隨即委屈地解釋說：「蜂蜜入庫時，是我親自封口的，拿出來時，罈子又原封未動，這裡面怎麼會生出這種東西？我冤枉啊！」

「冤枉？」孫亮下意識地轉過頭去，瞥見站在一旁的小太監眼中流露出一絲得意、狡黠的神色。孫亮的腦中馬上閃過一個念頭：莫非裡面有文章？於是孫亮問庫吏：「在此之前有誰去過倉庫？」

庫吏馬上說：「沒有，沒有。倉庫門我一直鎖著的，其他人進不去。」

「有人向你要過蜜嗎？」孫亮追問了一句。

庫吏若有所思地抬起頭，然後指指站在一邊的小太監說：「前幾天他向我要過蜜……」

「你沒有給我，我就走了，根本沒進過倉庫。」小太監打斷了庫吏的話。

庫吏接著說：「我問他是不是皇上要蜜，他說不是，我就沒給他。」

孫亮聽了，「嘿嘿」地冷笑幾聲，對小太監說：「這樣看來，是你玩的詭計！」

小太監連忙跪下，對孫亮說：「我伺候皇上，一貫小心謹慎，請皇上明察。」說完後，抬起眼睛看了看孫亮。

公說公有理，婆說婆有理，一時真是難以辨出真偽、是非。小太監雖然自以為得計，但他還是疏忽了一個細節。

侍從見此情景，上前對孫亮說：「太監與庫吏各說一詞，一時也難以判斷誰是誰非，不如把二人都交給司法部門去審理，我想，很快便會水落石出的。」

孫亮哈哈大笑，說：「區區小事，何必動用司法部門？只要把老鼠屎掰開一看，不就真相大白了嗎？」孫亮見侍從們還迷惑不解，接著說：「這其中的道理很簡單，如果老鼠屎是濕的，說明鼠屎在蜜罈裡的時間長了，當然要拿庫吏是問；如果鼠屎是乾的，必定是剛剛才放進去的，自然就是小太監玩的鬼了。」

大家一聽，恍然大悟。侍從走上前，用樹枝撈出一粒老鼠屎來，用手一掰，只見裡面乾乾的。他拿到孫亮面前，給他看了一下，再撈一粒，仍然如此。

孫亮的無名之火直冒，對小太監苛責道：「你還有什麼話可說！仗著在我身邊，狐假虎威，向人要這要那的。噢，人家沒給你蜜，你就懷恨在心，這不是在借刀殺人嗎？我怎麼會上你的當！」

事情敗露了，小太監嚇得跪在地上，頭磕得像小鳥啄米一樣，連聲地請求皇上寬恕饒命。

58 捕快曹福

在日常生活中，做一個有心人，留意身邊的瑣事，在一定的時候就會起很大的作用。可以說，生活是我們最好的老師。

清朝康熙年間，湖口縣衙門中有一名捕快，名叫曹福。由於他長期在衙門擔任緝捕盜賊的差役，累積了豐富的經驗，難以破獲的盜竊大案或人命凶案交給他，很快就能破獲，因而曹福很受上級的器重和同事的尊敬。

平時閒來無事，曹福就喜歡在外蹓躂，實際是在觀察過往行人的行跡，從中發現可疑之處。

這天，曹福吃罷午飯，又在河堤上遊逛。河中船舶如織，南來北往，好一派繁忙景象。這時，一艘小船靠岸了。這是一艘空船，船主將小船的纜繩拴在岸上的一塊大石頭上，然後就坐在石頭上，掏出旱煙袋抽了起來。

曹福看了一會兒，立刻登上小舟，坐了下來。船主看見有生人上了船，立刻跨上船來催促曹福離開，曹福就是不走。船主說：「你不走，我就要解下纜繩開船了。」曹福卻笑著說：「你開船吧，我願意與你同行。」

船主還從來沒遇到過這樣的人，喝斥道：「你這人真是豈有此理！為什麼賴在我的船上不走？」

曹福不急不徐地說：「因為你船上有異物，我要搜查，我是衙門捕快。」

船主聽他這樣說，走過去揭開艙板，怒氣衝衝地對曹福吼道：「你搜吧！」曹福也跟著過去一看，艙中空無一物。「這下你該上岸了吧！」船主說道。

誰知曹福並不挪步，繼續說道：「請把底板打開。」船主堅持不肯。曹福拿起一根鐵錘，硬把底板撬開，發現底板下厚厚一層金帛。船主頓時傻了眼。曹福將其扭送衙門，經審訊船主是多年的老賊。

曹福似乎在漫不經心中拿獲老賊，人們十分奇怪，問他憑什麼發現船上有贓物呢？曹福笑著說：「其實這很簡單，我看這船很小，船艙又未裝貨物，但它行駛在河中，風浪卻不能使其波動；而船主在拴船纜時，牽拽也是很吃力，故我斷定船底裡一定有重物，一查果然如此。」

又有一次，城外田溝發現了一具屍體。死者不是本地人，像是外地商人模樣，顯然是凶手謀財害命。但案發後，凶手已逃之夭夭，縣令嚴令捕快近日拿獲凶手。其他捕快經過明察暗訪，查不到絲毫線索，十分焦急，都想去請教一下曹福，可是曹福卻不見了蹤影。經過一番搜尋，大夥才在河堤邊的一座茶館裡找到了他。曹福正臨窗而坐，一邊喝茶，一面注視著河中的情景。

「曹兄，你真有閒情逸致，坐在這兒品茶賞景，我們都急死了。」大夥埋怨地說。

「急什麼？來，來！坐下喝杯茶再說。」曹福招呼大家坐下，眼睛卻始終不離河面。

大夥兒被他搞得莫名其妙，說道：「河裡有什麼看頭，除了船還是船。快給我們想想辦法吧。」

正在這時，河岸有一艘船上晒著一床綢被。曹福注視了一會兒，立刻把桌子一拍：「凶犯就在那艘船上面！」

大夥來不及細問，一起向河邊奔去，他們借了艘小船，很快地划到對岸，連船帶人扣了下來，送往衙門。

經過審訊，船主終於招供了：一個經商的人坐他的船時，他發現這人帶了很多銀子，於是起了歹心，夜間趁商人熟睡時把他殺了。然後將屍體抬到岸上，扔在田溝旁。

一樁殺人凶案就這樣給破了。事後，大夥特地將曹福邀到那座茶館，請他談談怎麼就能一眼識別真凶。

曹福呷了一口茶，笑了笑說：「做我們這一行的人，一是要累積經驗，二是要善於觀察。你們當時大概沒有看到，那艘船尾晒著一床新洗的綢被，上面蒼蠅群集，這就有問題。大凡人的血沾上衣被等物後，血跡雖然能夠洗去，但血腥味卻很難一下子除淨，所以招來蒼蠅。那床綢被上有蒼蠅，證明上面一定有血腥味，蒼蠅又聚集了那麼多，說明血腥味一定很濃，肯定沾了很多人血。如果不殺人，哪來那麼多的人血？這是其一。其二，只要在船上待過都應知道，船家根本不用或極少使用綢被面的。況且船家再富有，洗被子時也絕不會將綢面拆去而與被裡一同洗晒的，這不是盜來的又是什麼？就憑這兩點，我斷定船主就是凶手。」

聽到這裡大夥個個點頭稱是，無不佩服曹福的智慧和經驗。

59 張祿「遠交近攻」

做任何事須三思而後行，如果不根據客觀情況一味地依照自己的意願去行事，到頭來只能吃悶虧，打掉牙齒往肚裡嚥。

戰國時代，秦昭襄王的宰相名叫張祿（原名范雎）。有一次秦昭襄王約他到宮裡去。張祿進宮途中，在半路上碰見了昭襄王坐著車過來。他既不迎接，也不躲避，依然大模大樣地照舊走他的路。太監們叫他躲開說：「大王來了！」張祿回答說：「什麼，秦國還有大王嗎？」正在爭吵的時候，秦昭襄王到了。張祿還在那兒大聲嚷著說：「秦國只有太后、穰侯，哪兒還有什麼大王呢？」這句話說到了秦昭襄王的心坎上，他就恭敬地把張祿迎接到宮裡去。

秦昭襄王叫左右都退下去，向張祿拱了拱手，說：「請相國指教！」張祿說：「哦，哦！」但一句話也不說，秦王見他還不說話，就又說：「請相國指教！」張祿仍然不言語，秦王第三次真心實意地請求說：「難道相國認為我是不值得指教的人嗎？」張祿說：「從前姜太公碰到文王，出了主意，文王接受，把商滅掉了，得了天下。比干碰見紂王，出了主意，紂王不聽，反而殺了他。這是什麼緣故呢？還不是因為一個受人信服，一個不受人信服嗎？如今我跟大王還沒有多深的交情，我要說的話可是非常深。我怕的是『交淺言深』，也像比干那樣自招殺身之禍，因此大王問了我三回，我都不敢張嘴。」秦王說：「我仰慕相國大才，才叫左右退下去，如今誠誠懇懇地請相國指教，不管是什麼事，上自太后，下至大臣，請相國只管實實在在地說，我都願意聽的。」

於是張祿說：「今日論起秦國的地位來，哪個國家有這麼多的天然屏障呢？論起秦國的兵力來，哪個國家有這麼多的兵車，這麼強大的士兵呢？論起秦國的老百姓來，任何國家的老百姓也沒有這麼遵守紀律、愛護國家的！除了秦國，哪個國家能夠號令諸侯，統一中國呢？大王雖說是一心想要統一國家，可是幾十年來卻沒有大的成就。這就是因為秦國只知道一會兒跟這個諸侯訂立盟約，一會兒跟那個諸侯打仗，根本就沒有一個統一的政策。聽說最近大王又上了武將們的一個大當，發兵去打齊國。」

秦王插嘴說：「這有什麼不對的地方？」張祿說：「齊國離秦國那麼遠，中間隔著韓國和魏國。要是出去的兵馬少了，或許會被齊國打敗，讓各國諸侯取笑；要是出去的兵馬多了，國家中也許會出亂子。就算一帆風順地把齊國打敗了，也不過叫韓國跟魏國撿便宜，大王又不能把齊國搬到秦國來。當初魏國越過趙國把中山打敗了，沒想到中山後來倒給趙國併吞了去。為什麼呢？還不是因為中山離趙國近，離魏國遠嗎？我替大王著想，最好是一面跟齊國、楚國交好，一面去打韓國和魏國。離著遠的國家既然跟我們有了來往，就不會來管他們不相干的事情。把近的國家打下來，就能擴張秦國的地盤，打下了一寸就是一寸，一尺就是一尺。把韓國跟魏國兼併了之後，齊國和楚國還站得住嗎？這種像蠶吃桑葉似地由近而遠的法子叫『遠交近攻』，是個最妥當的方法。」秦王拍手說：「秦國真要是能夠兼併三國，統一中原，全在於相國

『遠交近攻』的政策了！」秦王接受了他的計策，並照著他的計策去做，把攻打齊國的兵馬都調回來了。從此，秦國就單把韓國和魏國當作進攻的目標了。

60 王羲之放糧

王羲之遇事善於思考，這正是我們許多人所欠缺的。遇事不善於思考，往往容易被事情表面的偽裝所欺騙，結果只能是事與願違，將事情搞砸。

晉代書法家王羲之擔任右軍將軍時，琅琊郡一帶連年大旱，莊稼顆粒無收，老百姓忍饑挨餓，貪官豪紳仍過著奢侈荒淫的生活。

王羲之看在眼裡，急在心裡，他先是散盡了自家積蓄的糧食，但這並不能解決問題；他又催琅琊郡的大小衙門去奏請朝廷放糧救災。可那些貪官汙吏只是裝聾作啞，甚至閉門不見他。王羲之情急之下，想出了一個好主意，於是提筆寫了一道奏章，騎上一匹快馬，不分晝夜地向京城奔去。

這天，京城裡一片歌舞昇平的景象，皇帝與大臣們正在宮裡飲酒作樂，聽說王羲之來了，以為他是來進獻書法作品的，便傳他進宮。一會兒，王羲之進到宮裡，皇帝見到王羲之手中果然拿著一卷東西，連忙叫人遞上來。

皇帝見是奏章，可沒有放在心上，只顧欣賞起王羲之的書法來。當他看到奏章中「放糧」二字時，徹底被王羲之矯若遊龍、起落有致的筆勢迷住了，忍不住說道：「放糧，好！好！好！」

「謝主隆恩！臣今日就去琅琊放糧。」王羲之等皇帝話音剛落，就跪在地上高聲說。

等皇帝明白過來是怎麼回事時已經晚了，於是只好將錯就錯，任命王羲之為欽差大臣，去琅琊放糧。

王羲之奉旨放糧，可把這些貪官汙吏、財主豪紳嚇慌了，他們紛紛湧進琅琊王府，求王爺為他們作主。

琅琊王眼珠子一轉，說道：「不必驚慌，你們可以湊些人扮成饑民模樣，去領王羲之發放的糧食嘛！」

這些傢伙聽了，連聲稱「妙」，一個個跪地叩頭謝恩後，急不可待地去蒐羅他們需要的「饑民」去了。

到了放糧這天，天未亮，琅琊城就擠滿了人，喧鬧聲一浪高過一浪，王羲之放糧的衙門被圍了個水洩不通。

放糧時辰到了，王羲之出衙門一看，見擠到面前的那些饑民一個個細皮嫩肉、肥頭大耳的，不由得有點懷疑，便吩咐手下人去查一查。果然，那些擠在前面的人並不是饑民，而是琅琊王府的盧侯、郡州縣衙裡的聽差和那些地主富豪的狗腿子。

王羲之知道後，非常氣憤，正要發作，忽然又轉念一想，對付這些人還是智取為好。於是登高對人群朗聲說道：「本官原定今日在琅琊放糧，但是，據報告說，南邊東海郡比琅琊郡的災情更為嚴重，所以本郡暫不放糧了。請各位父老鄉親幫本官把這些糧食全部運到沂河邊，以待裝船南運。」

王羲之話音剛落，人群中立即出現了一陣騷亂，前面那些冒充饑民的傢伙很快鑽出了人群，垂頭喪氣地回去了。真正的饑民總是抱著一線希望，他們沒有馬上離開，他們也同情比琅琊郡災情更為嚴重的窮人，聽王羲之一說，便自覺組織起來，抬的抬、扛的扛，沒多長時間就把糧倉裡的糧食全部運到沂河邊。

這時，留在沂河邊的人群中，肥頭大耳、細皮嫩肉的假冒饑民的人幾乎沒有了。王羲之面對人群，朗聲說道：「父老鄉親們，今天本官就在此放糧，誰運來的糧食就歸誰了，快拿回家過日子吧！」

王羲之隨機應變地改變了策略，擊敗了虞侯、郡州縣衙及地主老財主們的詭計，順利地將糧食發放到災民手中。

61 樂羊子妻

任何事情的完成都不會一帆風順的，總會有許多挫折困難，只有保持持之以恆的決心，堅定不移地貫徹始終，才能到達成功的彼岸。若遇到困難便止步不前，甚至放棄，只會功簣途中，無緣摘取成功之果，而曾付出的時間與精力也化為烏有。

古官道上，一天走來一個匆匆的行者，只見他二十歲上下，書生打扮，臉上露著興奮的表情。他叫樂羊子，本來告別妻子在外地求學的，但學問的艱深，求學的清苦，使他感到乏味。想著家裡美麗的妻子，舒適的房舍，他在書塾待了一年後，終於決定棄學返鄉。想到妻子驚喜的表情，那溫暖體貼的招呼，他便覺得特別的興奮，腳步不由得更快了。漸漸熟悉的房舍出現在眼前，炊煙正裊裊地升起，他趕緊幾步跑到門前，叩響了門環。

「誰呀？」屋裡的織布聲停了，傳來妻子熟悉的聲音。

「我呀！」樂羊子高興地大叫起來。

屋子裡出現短暫的沉默，「吱呀」門開了，露出妻子驚喜而略帶詫異的臉，當她看到樂羊子那沉甸甸的行裝，臉上的笑容消失了，她似乎猜到什麼。

樂羊子一步跨進門裡，放下包袱，環視了一下乾淨、舒適的屋子，便高興地嚷嚷起來：「終於回來了，可算回來了。」

但妻子的表情似乎有些冷淡，她默默地看著他，終於開口道：「不是要三年才能回來嗎？」「我想家，所以便回來了。」

「住幾天？」

「再也不走了。」樂羊子手一揮，感覺很痛快，想到那清冷的書塾，老師那嚴厲的面孔從此便遠離自己，真有大鬆一口氣的感覺。

妻子沒說什麼，只是拿出一把剪刀，樂羊子詫異地盯著她，只見她走到織布機邊，「喀嚓」一聲，便將織布機上停著的一匹布剪斷了。樂羊子大叫起來，真是太可惜了！這是一塊圖案精美的織布，只差一點點就要完工了，可妻子這麼橫刀一剪……

「這本是一塊快要完工的布，但我剪斷了它，它便成了一塊廢布。」妻子說，「求學的道理也是一樣，若能堅持到底，付出艱苦的努力，就能成為一個有用的人，但若不能堅持，中途停下來放棄攻讀，就會前功盡棄，如同這塊廢布一樣，成為一個毫無用處的人。」

「這？」樂羊子囁嚅著。

「再過幾年，你的同學學業有成，便可報效國家，建功立業了，而你卻仍是碌碌一白丁，終日做一些瑣碎的事，一輩子又能有什麼出息呢？」

樂羊子低頭不語，他感到非常羞愧，自己的見識還不如一女子，若不是妻子諄諄教誨，自己豈不是會虛擲光陰，成為一個無用之人。想到此，便打起行裝，決心回到書塾去完成學業。

62 觸龍說趙太后

趙太后教子其實是一種南轅北轍的行為，她所努力的，和她所要達到的，猶如緣木求魚，背道而馳啊！幸虧趙太后能夠明白事理，在大臣觸龍的勸說下，最終醒悟了過來，這是趙國的幸事。

趙太后新執政，秦國便加緊進攻趙。趙向齊求援。齊王說：一定要以長安君做為人質，軍隊才能派出來。太后不答應，大臣們極力勸諫。太后明確地對左右人宣布：「有再說讓長安君做人質的，我這老婆子一定把唾沫吐在他臉上！」

左師公觸龍拜見太后。左師公說：「我那兒子舒祺，年紀最小，沒什麼出息。可我年紀老了，內心總疼愛他，希望您讓他充當一名衛兵，來保衛王宮。我冒著死罪把這件事稟告您。」太后說：「好啊！年紀多大啦？」左師公回答說：「十五歲啦。雖說還小，我希望趁自己還沒有死，便把他託付給您。」太后說：「男人也疼愛他的兒子嗎？」觸龍回答說：「比女人還厲害。」太后說：「女人愛得特別厲害啊！」觸龍回答說：「我私下認為您愛燕后，超過了愛長安君。」太后說：「你錯了！我愛燕后遠遠比不上愛長安君。」左師公說：「父母愛兒女，就要為他們做長遠打算。您送燕后出嫁的時候，緊跟在她身後哭泣，想起她遠嫁異國就傷心，也確實夠悲哀的了。她走了以後，您不是不想念她呀，祭祀時一定要為她祈禱。說，『一定不要她回來。』難道這不是為她考慮，希望她的子孫相繼當那國王嗎？」太后說：「是呀！」左師公問：「從現在算起，三世以前一直推到趙氏建成趙國的時候，趙王子孫封了侯的，還有繼續存在的吧？」太后說：「沒有。」觸龍說：「不單是趙國，各諸侯國內還有繼續存在的嗎？」太后說：「我沒有聽說過。」觸龍說：「這就是說他們之中近則自身便遭了禍，遠則禍患便落到他們子孫身上了。難道說君王的子孫就一定不好嗎？不是。只不過由於他們地位很高卻沒有什麼功勳，俸祿很豐厚卻沒有什麼勞績，卻擁有很多貴重的東西罷了。如今您尊顯長安君的地位，封給他富庶的土地，賜給他很多貴重的東西，卻不趁著現在讓他為國立功，一旦太后您百年之後，長安君憑什麼在趙國安身呢？老臣認為您替長安君打算得太短淺了，所以說您對他的愛不如對燕后的愛。」太后說：「好吧，任憑你怎麼調派他吧！」於是長安君整治好百輛車子，到齊國去做人質。齊國援兵就派出來了。

63 劉羽沖偶得兵書

做事以及處理問題，要善於變通。但這並不等於不要原則，因為真理都是相對的，只有善於變通，處理好問題，才是堅持了真理，維護了原則。

劉羽沖，滄州人氏，他性情孤僻，喜歡講求古代的典章制度，其實這是不切實、行不通的。他曾請董天士為自己畫畫，又託厚齋公題詩。其中一幅《秋林讀書》的畫，厚齋公題的是「兀坐秋樹根，泱然無與伍。不知讀何書，但見鬚眉古。只愁手所持，或是井田譜。」就是規勸他才這樣題的。

劉羽沖偶然得到一部兵書，伏案讀了一年，自以為可以帶兵十萬了。剛巧這時發生了土寇變亂，劉羽沖自行訓練鄉兵與他們戰鬥，結果整個隊伍潰敗，自己也幾乎被擒。他又得到古代興修水利的書，伏案讀了一年，自認為可以使千里之地變成肥沃的土壤，於是繪圖列上措施呈給州長官。州官也是個喜歡多事的人，便叫劉羽沖在一個村子裡試行。田間水渠剛剛修完，就發大水，水順著溝渠灌入，全村的人幾乎都成了水裡的魚。

從此，劉羽沖抑鬱不得意，常獨自在庭院台階上走來走去，搖頭自語道：「古人難道會騙我嗎？」就這樣，每天碎念千百次，都只是這一句話。不久，他便發病死了。

64 魯仲連一言興邦

一個人，在人生中，無時無處不置於選擇之中，每一次選擇，都會給你帶來某種或大或小的變化和結果，人的悲喜禍福，除去天命因素，正是這種選擇的結果啊！而當斷不斷則比事情本身更糟呀！凡事切忌優柔寡斷。

西元前二六〇年，秦軍包圍了趙國都城邯鄲。魏王派晉鄙救趙，晉鄙畏秦，駐兵不進。

魏又派辛垣衍潛入邯鄲，透過平原君趙勝告訴趙王：「只要趙國派使臣去尊奉秦王為帝，秦便心喜而罷兵。」

平原君趙勝不知怎麼辦好，因為趙國在長平之戰中，元氣大傷，現在秦軍又兵臨城下，再說，尊秦為帝不知道會造成什麼樣的後果。正在這時遊士魯仲連到了邯鄲，並聽到了辛垣衍勸趙奉秦之事。於是向平原君提出，由自己來駁斥辛垣衍。

魯仲連說：在周朝尚未土崩瓦解時，周天子是各諸侯的宗主，相當於帝，他對諸侯國予取予求。春秋時，周天子已無這種權威，但卻仍然有天子名號，齊國強大時曾扶持過周天子，後來周烈王死時，齊國後至，秦國素稱虎狼之國，一旦尊秦為帝，秦國完全可能循名責實，對諸侯欲求不已，任意調換諸侯國國內的官員，乃至可能像紂王對待鄂侯周文王那樣對待諸侯王，憑自己喜好決定其生死。

魯仲連不但駁倒了辛垣衍，也說服了平原君趙勝，使他拿定了主意。秦軍也是欺軟怕硬，見此狀便不敢貿然進軍。剛好魏公子無忌奪晉鄙軍以救趙擊秦，秦軍便撤回秦國去了。

65 田子的計謀

事物的發展是有一定規律的，不可能一口氣吃成一個胖子。所以，做事要有序，不能踰越事物的自然發展階段，否則，只能事與願違、欲速則不達。

春秋戰國時期，齊國想要討伐燕國，並採用了田子的計謀。齊桓公保持兩國的往來，禁止守邊的將士搶奪財物，釋放了戰爭中的俘虜，並且還去慰問那些失去家園和遭遇到不幸的百姓。燕國的老百姓覺得齊國君主好，都爭相歸順。這一來，燕王怕了，這不是一點一點地侵吞燕國，收攏人心嗎？燕王十分害怕這個計謀，但一時也沒有辦法。這時大臣蘇厲對燕王說：「齊王並不是真的能行仁義的人，肯定是有人給他出謀劃策，他才這麼做。事實上，齊王是個急功近利，而且愛猜疑的人，不可能安心受指教，而齊國的軍隊也是很貪婪的，不可能長期地受禁令和紀律的制約，我們不要著急，使個計謀就能破他這一計。」於是暗中派人裝扮成齊軍，在途中要挾燕國投降的人，搶占婦女，掠奪燕人的財物，這樣一來，投降齊國的燕人都十分害怕，不敢向齊國前進了。而齊國兵將，實際上早就耐不住性子了，只是害怕國君的禁令，他們藉著燕人進退不定的時候，派人向齊王進言說：「我們對他們多麼好，而燕人卻背叛我們了。」齊王左等右等，不見有更多的燕人來投降，也就相信了士兵們的話，下令全部沒收、拘留降民的財產和家屬。田子竭力勸他不要這樣做，但齊王始終不為所動，而將士們更因為有上邊的支持，而大肆搶奪，燕國百姓從此也就不再想投到齊國去了。田子的計謀功虧一簣。

第七章 高人一籌的謀略

狄德羅說：「知道事物應該是什麼樣，說明你是聰明人；知道事物實際上是什麼樣，說明你是有經驗的人；知道怎樣使事物變得更好，說明你是有才能的人。」智者處理問題往往有高人一籌的謀略，能見微知著，決勝千里。

66 韓褒巧用盜賊

再惡再壞的人，內心深處也都有些尊嚴和體面。如賞給他們臉面重新喚起他們的自尊心和體面感，不僅能讓他們負起責任，更重要的是，他們又對自己的行為開始像常人那樣負責了。

西魏時期，北雍州一帶經常有盜賊出沒，因為這一帶山林茂密，盜賊進退很方便，官府也拿他們沒辦法。

本地的刺史韓褒心裡委實著急，四處派手下暗處探訪，結果手下來報，盜賊行徑全都是當地豪門大族家裡的弟子做的。怎麼辦？韓褒假裝不知道這些紈褲弟子幹些什麼勾當，對這些豪門大族還是挺客氣的。

這天，他把這些大族家裡的人都召集來開會，用懇切的語氣對他們說：「我這個刺史是個書生起家，哪裡懂得緝拿盜賊，所以只好依賴諸位共同分擔這個憂愁了。」說罷，便讓那些平時在鄉里為非作歹的弟子，一個不漏地臨時做各處的主管，劃分地段分別管轄。有發現盜賊而不捕獲，按故意放縱論處。那些被暫時任命的少年，沒有哪個不驚恐害怕，都自首認罪說：「前時發生的偷盜案子，都是我們幹的。」這些被任命為緝盜主管的盜賊，都變得積極起來，把所有黨徒同夥的姓名全部列出。對那些逃跑躲藏起來的，也都說出了他們躲藏的地方。

韓褒拿過名單，囑咐那些主管一番，先打發他們回去。第二天，便在州城門邊貼上一張告示，讓那些曾做過盜賊的，趕快來州府自首，可馬上免除他們的罪。過了這一個月不自首的，除當眾處決本人外，還要登記沒收他的妻子兒女，賞給先前自首的人。

十天之內，眾盜賊果然全部來自首了。韓褒拿過名單——一個不差。韓刺史赦免了他們的罪，讓他們改過自新。這招還真靈，這些盜賊從此再也不敢為惡了。

67 晏子大耍激將術

激將法的基本道理便是讓對手的好勝之心一躍而起，把什麼都放在一邊，命也不要地去爭你安排好的東西。

戰國時的晏子博學多才，聰明機智，是齊國有名的政治家，為齊國的富強做了很多事。齊景公提拔晏子做了相國。

當時齊國有三個大力士，一個叫公孫捷，一個叫田開疆，一個叫古冶子，號稱「齊國三傑」。他們勇猛異常，被齊景公寵愛，晏子遇到這三個人總是恭恭敬敬地快步走過去。可是這三個人每當見晏子走過來時，坐在那裡連站都不站起來，根本不把晏子放在眼裡。他們仗著齊景公的寵愛，為所欲為。當時，齊國的田氏勢力越來越大，他聯合國內幾家大貴族，打敗了掌握實權的欒氏和高氏，威望越來越高，直接威脅著國君的統治。田開疆正屬於田氏一族，晏子很擔心「三傑」為田氏效力，危害國家，想把他們除掉，又怕國君不聽，反倒壞了事。於是心裡暗暗拿定了主意：用計謀除掉他們。

一天，魯昭公來齊國訪問，齊景公設宴招待他們。魯國是叔孫大夫執行禮儀，齊國是晏子執行禮儀。君臣四人坐在堂上，「三傑」佩劍立於堂下，態度十分傲慢。正當兩位國君喝得半醉的時候，晏子說：「園中的金桃已經熟了，摘幾個來請二位國君嘗嘗鮮吧！」齊景公傳令派人去摘。晏子說：「金桃很難得，我應當親自去摘。」不一會兒，晏子領著園吏，端著玉盤獻上六枚桃子。景公問：「就結這幾個嗎？」晏子說：

「還有幾個，不夠熟，只摘了這六個。」說完就恭恭敬敬地獻給魯昭公、齊景公每個人一個金桃。魯昭公邊吃邊誇金桃味道甘美，齊景公說：「這金桃不易得到，叔孫大夫天下聞名，應該吃一個」。叔孫大夫說：「我哪裡趕得上晏相國呢！這個桃應當請相國吃。」齊景公說：「既然叔孫大夫推讓相國，就請你們二位每人吃一個金桃吧！」兩位大臣謝過景公。晏子說：「盤中還剩下兩個金桃，請君王傳令各位臣子，讓他們都說一說自己的功勞，誰功勞大，就賞給誰吃。」齊景公說：「這樣很好。」便傳下令去。

話音未落，公孫捷走了過來，得意洋洋地說：「我曾跟著主公上山打獵，忽然一隻吊睛大虎向主公撲來，我用盡全力將老虎打死，救了主公性命，如此大功，還不該吃個桃嗎？」晏子說：「冒死救主，功比泰山，應該吃一個桃。」公孫捷接過桃子就走。

古治子喊著：「打死一隻虎有什麼稀奇！我護送主公過黃河的時候，有一隻黿咬住了主公的馬腿，一下子就把馬拖到急流中去了。我跳到河裡把黿殺死，救了主公，像這樣大的功勞，該不該吃個桃？」

景公說：「那時候黃河波濤洶湧，要不是將軍除黿斬怪，我的命就保不住了。這是蓋世奇功，理應吃個桃。」晏子急忙送給古治子一個金桃。

田開疆眼看金桃分完了，急得跳起來大喊：「我曾奉命討伐徐國，殺了他們的主將，抓了五百多俘虜，嚇得徐國國君稱臣納貢，鄰近幾個小國也紛紛歸附咱們齊國，這樣的大功，難道就不能吃個桃子嗎？」晏子忙說：「田將軍的功勞比公孫將軍和古治將軍大十倍，可是金桃已經分完，請喝一杯酒吧！等樹上的金桃熟了，先請您吃。」齊景公也說：「你的功勞最大，可惜說晚了。」田開疆手按劍把，氣呼呼地說：「殺黿打虎有什麼了不起！我跋涉千里，出生入死，反而吃不到桃，在兩國君主面前受到這樣的羞辱，我還有什麼臉活著呢？」說著竟揮劍自刎了。公孫捷大吃一驚，拔出劍來說：「我的功小而吃桃子，真沒臉活了。」說完也自殺了。古治子沉不住氣說：「我們三人是兄弟之交，他們都死了，我怎能一個人活著？」說完也拔劍自刎了。人們要阻止已經來不及了。

魯昭公看到這個場面無限惋惜地說：「我聽說三位將軍都有萬夫不當之勇，可惜為了一個桃子都死了。」

68 朱博治惡

抓刀要抓刀柄，制人要拿把柄。智者在對手身上發現了弱點，從不會輕易放過，而是用其弱點，「拿住」它為我所用。

漢代的朱博本是一介武夫，後來調任馮翌地方文官，他利用一些巧妙的手段，制服了地方上的惡勢力，被人們傳為美談。

在長陵一帶，有個大戶人家出身的名叫尚方禁的人，年輕時曾因強姦別人家的妻子，被人用刀砍了面頰。如此惡棍，本應重重懲治，只因他大大地賄賂了官府的功曹，而沒有被革職查辦，最後還被調升為守尉。

朱博上任後，有人向他告發了此事。朱博憤憤不平，便傳見尚方禁。尚方禁心中七上八下，硬著頭皮來見朱博。朱博仔細看尚方禁的臉，果然發現有瘢痕。朱博讓左右退開，假裝十分關心地詢問究竟。

尚方禁作賊心虛，知道朱博已經了解了他的情況，就像小雞啄米似的接連給朱博叩頭，如實地講了事情的經過。頭也不敢抬，只是一個勁地哀求道：「請大人恕罪，小人今後再也不幹那種傷天害理的事了。」

「哈哈哈……」朱博突然大笑道：「男子漢大丈夫難免會發生這種事情，本官給你個立功的機會，你能自己效力嗎？」

於是朱博命令尚方禁不得向任何人洩露今天的談話情況，要他有機會就記錄一些其他官員言論，及時向朱博報告。尚方禁儼然成了朱博的親信、耳目了。

自從得到朱博寬釋重用之後，尚方禁對朱博的大恩大德時刻銘記在心，所以，他做起事來特別盡心，不久，就破獲了許多起盜竊、強姦等犯罪活動，工作十分見成效，使地方治安情況大為改觀，朱博遂提升他為連守縣縣令。

69 裴子雲巧斷貪牛案

對於見了財物就動手、就伸手之徒，要攻其心，讓他在不知不覺中打起自己的耳光來。裴子雲就是用「假途伐虢」之計，巧斷貪牛案的。

唐太宗貞觀年間，衛州新鄉縣有個年輕的農民，名叫王敬，父母早逝，孤寡一人，他養有六頭壯牛，勤勤懇懇地靠耕作為生。有一年，王敬被縣裡徵調去服兵役，他面對這一群牛犯了愁。怎麼辦呢？王敬左思右想，最後決定將牛兒放在舅舅李進家裡養幾年。

王敬趕著六頭牛到了舅舅李進家，舅舅滿口答應代養。王敬付給舅舅一筆錢，做為養牛費用。解決了這一後顧之憂，王敬隨即去邊關服兵役。

五年過去了，服完兵役的王敬回到家鄉。

王敬到舅舅家去牽牛時，貪財的舅舅李進只給王敬六頭老牛，而將王敬家老牛生下的三十頭小牛據為己有。

王敬又氣又惱，一再懇求，但舅舅板著臉，堅決不承認。王敬想來想去，牛兒不能說話，難以證明是自家的牛犢。無可奈何，王敬到新鄉縣城狀告李進強占牛犢。

衛州新鄉縣令裴子雲，思維敏捷，精明能幹。處理事務判斷案件時，常常能巧用智謀，明辨是非。他在大堂上聽完王敬的敘述，心中已經清楚，那舅舅正是利用王敬沒有證據，強占牛犢的，裴子雲吩咐王敬暫留在衙內。

一天，裴縣令發布告追捕偷盜牛犢的罪犯李進。

李進因為自己沒偷牛，自認為只要自己不承認，別人奈何他不得。心中有了底，他便大膽地趕往縣城。一進衙門，李進大聲呼叫：「冤枉啊，冤枉！小民從來沒有偷過牛！」裴子雲見李進到來，立即升堂審問。

裴子雲顯得大為生氣，說道：「你的同夥已被抓住，他供認偷了三十頭小牛，藏在你家中，難道你還想抵賴嗎？」

李進一聽，急得跳起來，說道：「大人，我哪裡認識盜賊，肯定是有人在暗中誣陷我啊！」

裴縣令十分氣憤地說：「哼！看來你不到黃河心不死，一定要見到你的同夥才肯招認。好，將盜賊帶上來。」

幾個差役早有準備，迅速將用布做好的臉罩蒙在王敬的臉上，把他押上大堂。

王敬故意裝成李進的「同夥」，改變自己的聲音說道：「李進，不要再抵賴了，我已經把偷牛的事全部招認了。」

李進一見大堂上果真出現一個偷牛的「同夥」，感到天大的冤枉。同時一陣恐懼，再也顧不得許多，連聲分辯道：「大人，偷牛的事與我無關，我家中的三十頭小牛犢，是外甥王敬家的老牛所生，怎麼能平白無故地冤枉好人呢？」

裴子雲聽見李進老老實實地回答，哈哈大笑。李進被縣令笑得心中直發毛，不知發生了什麼事，正在茫然無措時，那「同夥」迅速脫下臉罩，原來是外甥王敬。此時的李進方才明白自己已上當了，內心叫苦不迭，可又不得不低頭認錯。

聰明的縣令終於讓王敬得到了屬於他的小牛犢。

70 蘇軾拒開「後門」

蘇軾用的是「指桑罵槐」，做為一種計謀，它是透過借題發揮的辦法，表明自己的立場，曲折地達到自己的目的。為人處世，如靈活變通地運用「指桑罵槐」之法，常會收到意想不到的效果。

北宋中期，蘇軾與兄弟蘇轍均在朝中做官，前來「走後門」的人絡繹不絕，令他們二人不勝其煩。

一次，蘇轍的一個朋友來到蘇府，想讓蘇轍幫他謀個差事。蘇轍躲著不見，這個人便向蘇軾求助。

蘇軾沒有辦法，就讓他進了屋子。蘇軾不提找差事的問題，卻向他講起了故事：「傳說有一個窮得一無所有的人去盜墓。挖開第一個墓，只見裡面躺著一個光著身子的古人，嘴裡還唸唸有詞，『你沒聽說過漢朝楊王子孫輕財傲世，下葬時連衣服都不穿嗎？我自己光著身子，還能拿什麼接濟你呢？』」

求職者聽得津津有味，於是蘇軾繼續講下去：「窮漢又鑿開第二個墓，墓中是個帝王，他很和氣地說，『我是漢文帝，早已立下遺詔，墓中不入金玉之物，你還是到別處去吧！』」蘇軾講到這裡哈哈大笑，求職者似乎明白了蘇軾講這個故事的用意，臉上不覺有些發燒。

蘇軾又講了起來：「窮漢氣得沒辦法，又去找墓。他發現有兩座連在一起的墓，便首先鑿開右邊的墓，只見一個羸弱的身影走了過來，對他說，『我是伯夷，早年餓死在首陽山下，我怎麼能滿足你的要求呢？』窮漢只得去挖右邊的墓，伯夷勸道，『那裡住著我的兄弟叔齊，他狀況和我差不多，我看你是白費力氣。』」

聽到這裡，求職者徹底明白了蘇軾的用意，以有急事為由，匆匆地離開了蘇府。

71 祝枝山打抱不平

祝枝山為了麻痺對方，故意用大草鞋矇住了對方的視線，使其產生錯覺，憤怒的船主果真上了鉤。一隻大草鞋換來了一群鴨子，足見祝枝山的智慧，其實，當船主被矇蔽時，祝枝山的目的也就達到了。

明代的大書法家、文學家祝枝山是個喜好遊玩的人。有一次，他乘船經過玳河，前往浙江會稽。所乘的船是一條大木船，船上除了船主外，還有七八個傭工。傭工中的阿大、阿二和阿三兄弟三人是剛僱來沒多久的新手，船上最苦的工作便落在他們身上。

這兄弟三人唉聲嘆氣，最小的那位不禁抽泣起來。祝枝山發覺後，便上前詢問他是怎麼回事。一打聽才知道，原來船主對船工們非常苛刻，有時甚至連燒火煮飯的柴火也都不提供。阿大等三兄弟實在沒辦法，就用斧頭砍了船尾上的那根廢舊的爛木頭當柴燒。船主發現後，立即決定扣罰兄弟三人的三兩銀子，先記在帳上，將來以工資相抵。這樣，三兄弟就等於半個月都是白白替船主幹活了。

祝枝山聽罷，恨得直咬牙，他決定為三兄弟打抱不平。他安慰他們說：「不要著急，我自有辦法幫你們出氣。」

這時，從河上游緩緩游來一群鴨子，阿大告訴祝枝山那個放鴨的就是船主的兒子。祝枝山聽了，不動聲色地往船舷靠了靠，猛地把手往鴨群中一伸，撈起一隻就扔進了艙內。

船主的兒子老遠看到了這一切，他朝站在船頭的船主喊道：「抓賊！阿爸，快停船，你船上有人偷了我們家的鴨子。」

船主馬上來到艙內，只見祝枝山神色不安地坐在那邊。「是你偷了我家的鴨子？」船主問道。「我沒有呀！一定是你兒子看錯人了。」「我沒看錯，我親眼看見他飛快地從水中撈起一隻鴨子扔進艙裡去了！」船主的兒子大聲喊道。

「搜！」船主喝令手下說。「且慢，」祝枝山出手一攔說：「要是搜不出來怎麼辦？」「賠你二十隻鴨子！如果搜出來了呢？」船主說。「任打任罰。」祝枝山微笑著說。

船主把船翻了個遍，連根鴨毛也沒找到。最後，查到祝枝山身後的那只大箱子。等打開箱子一看，裡面只有一隻濕淋淋的大草鞋。

船主只好認輸，讓兒子捉二十隻鴨子賠給祝枝山。

就這樣，祝枝山白白得到了二十隻鴨子，當下他就把鴨子送給阿大三兄弟。

祝枝山是怎麼得到鴨子的呢？原來，他事先準備了一隻大草鞋，等到鴨群游近船舷時，他手抓草鞋猛地伸入水中，又迅速提起來扔進艙中，讓船主的兒子以為祝枝山偷了他的鴨子。

72 林則徐祈得「金錢雨」

「假道伐虢」之計是要求當事者找一個「假道」的理由，以實現其真正的意圖。這個理由，則須自己巧借天時、地利與人際關係中的心理意圖，如林則徐的假借祈天求雨之名。

林則徐不僅是中國近代著名愛國者，而且是一位體察民間疾苦的清官。

他在擔任湖廣總督期間，湖北發生百年不遇的大旱，莊稼枯死，米價瘋漲，許多百姓流離失所，他號召官員們捐款，竟無人響應。林則徐心中惱怒，但卻不露聲色地貼出告示說：「為解貧民饑饉之苦，定於三日後設壇祈雨，上自督撫，下到縣官，皆應照例齋戒三日，不許吃葷，不許喝酒，以示誠心敬天之意。」

三天後，林則徐親率眾官登壇焚香，行禮禱告。禮畢，林則徐命眾官坐於蘆蓆之上，對大家說：「我們這些官者平日養尊處優，今天我與諸位皆不張傘打扇，坐在烈日之下體驗一下百姓稼穡之苦，如何？」眾官不敢違命，在烈日下坐了三炷香的工夫，便汗流浹背，叫苦不迭。林則徐好像忽然想起了什麼，說：「天氣炎熱，不可無茶。」茶來之後，林則徐與眾官每人喝了一碗，不久，便嘔吐不止。此時，林則徐起身正色道：「誰也不要掩蓋嘔吐之物，由侍官一一檢查，看看我們敬天是否忠誠。」檢查結果顯示，只有林則徐所吐為粗飯蔬菜，其他人所吐皆為酒肉腥葷之物。

林則徐神色嚴肅地說：「齋戒祈雨，是何等重要之事，你們竟敢如此不誠。天不降雨，實是你們觸怒上天所致，諸位現在有何話說？」眾官聞言，面面相覷，既恐懼又慚愧，都表示願意盡力捐錢。就這樣，林則徐很快籌到了一筆巨款，賑濟災民，平抑糧價。

73 司馬熹節外生枝

「節外生枝」，就是事情似乎結束了，你不讓它結束，又使它生出新的情節。當然，新的情節對自己十分有利，甚至可以挽回敗局。

戰國時期，中山王寵愛著兩個貴妃——陰姬和江姬，她們明爭暗鬥，都想當皇后。

當時，有一位叫司馬熹的謀臣，很有謀略，弄錢的手段也相當高明。他看見兩妃爭寵的情形，就想趁機敲她們一筆，便暗中使人去致意陰姬，告訴她：「要做王后可不是開玩笑的，爭得到手，自然可掌有權威，貴甲天下，傲視全民；萬一失敗呢，那可就危險了，自己的性命保不住不說，還要禍及家族哩！所以，不爭則已，要爭就必然取勝，要想成功的話，除非請教司馬熹先生！」

聽罷此言，陰姬果然動心了，於是祕密請示司馬熹，司馬熹鼓其如簧之舌，說得她連連點頭。最後，陰姬千恩萬謝地說：「只要事情能成功，定會大加酬謝！」而且先預支司馬熹一筆茶資。

隨即，司馬熹立刻上書中山王，告訴他有個計劃可以使本國盛，且使趙國虛弱。中山王對此很感興趣，堆出笑臉向司馬熹說：「我非常讚賞你的計劃，但怎樣才能弱趙而強中山呢？」

司馬熹說：「我要親自到趙國去一趟，名為訪問，實為暗地偵察趙國地形和風土人情，了解他們的國力及軍事部署情況，回來方可訂出一個詳細的計劃來。所謂知己知彼，才能百戰百勝呢！」

中山王聽了之後，又送給他一份厚禮，打發他去趙國訪問。

司馬熹到了趙國，拜見趙王，公事辦完之後，在私下裡談話間，他對趙王說：「聽說貴國是出美女的地方，可是，我到這裡已經好幾天了，還沒看見哪位長得算是漂亮的。老實說，我足跡跑遍了天下，也見過無數的女人，總覺得沒有一個人能比上我國的陰姬的，不知道的人還以為她是仙女下凡了呢！她的美麗，不是用筆墨所能描寫出來的，也不是用語言所能表達出來的；她高貴的儀態，勝過普天之下所有的王后！」

聽到這一番話，趙王怦然心動，忙問：「可不可以把她弄到這裡來？以飽敝人眼福呀！」

司馬熹故意把話鋒一轉，說：「我只不過是隨便說說而已，至於大王的意圖如何，我可不能胡亂揣測。陰姬雖然是妃子身分，可卻是受君主寵愛的。這些話，請千萬別傳出去，否則可要殺頭的呀！」

趙王奸笑一下，表示非達到目的不可。

司馬熹回到本國，向中山王報告出訪的情況，說：「這個趙王純粹是一個大混蛋，沒有道德觀念，只知道玩弄女人，這不知仁義的東西，開口講打，閉口言殺。還有，我聽到一個可靠的消息，說趙王這個混蛋正在暗地裡設法把大王的寵妾陰姬弄過去呢！」

「混蛋，豈有此理！」中山王不聽便罷，一聽則怒罵起來：「這王八蛋竟敢算計到我頭上來了！氣死我也……」

「大王，請冷靜一點！」司馬熹說，「從目前形勢來看，趙國比我國強盛，打是打不贏他。趙國要索取陰姬，不給可能馬上就會亡國；而要給，一定會被世人所恥笑，笑大王懦弱，連愛妃都送給別人了！」

「那怎麼辦？」中山王雖然無名火中燒，可事到如今也不得不虛心地請教司馬熹了。

「依我看……」司馬熹從容不迫地說，「只有一個辦法方能避免。就是大王立即封陰姬為王后，便可死了趙王的邪念，在諸國之間，從沒有誰敢要別人的王后做自己的妻子的；即使是想要，也會為列國摒棄，罵作禽獸！」

「很好！」中山王轉怒為笑，說：「就按你說的辦法去做，看他這隻癩蛤蟆還怎麼吃天鵝肉！」

就這樣，陰姬很順利地做了王后，趙王也死了邪念。司馬熹不必說，已是皇后娘娘的大恩人，地位和金錢自然就更有保障了。

74 鴻門宴劉邦巧遁

在與對手的較量中，如果己方處於劣勢，硬拚就只是以卵擊石，沒有生路；暫時的屈服，另尋蹊徑、以待來日，不失為上策。留得青山在，不怕沒柴燒。當自己主要力量還沒有被消滅的時候，就不愁沒有東山再起的機會。

西元前二〇六年，西楚霸王項羽聽說沛公劉邦攻取咸陽後，欲在關中稱王，十分惱怒。在謀臣范增的建議下，項羽在鴻門設下酒宴，準備在席間尋機刺殺劉邦，以解心頭之患。

劉邦深知赴鴻門宴凶多吉少，但項羽兵強馬壯，如果不去便會招來殺身之禍。

劉邦見到項羽後，先解釋道：「我和將軍併力攻秦，將軍轉戰在黃河北，我作戰於黃河南，但沒料我能先攻進函谷關，打敗秦軍，在這裡重新見到將軍。現在有壞人散布流言，使將軍與我發生了誤會。」這番話說得項羽心軟下來，當下與劉邦一起入宴飲酒。

席間，范增多次示意項羽下令殺劉邦，項羽都沒什麼表示。無奈范增讓項莊舞劍助興，讓他伺機刺殺劉邦。張良的好友項伯看出范增的用心，於是也拔劍起舞，處處用身體掩護劉邦，使項莊難以下手。

在這危難之際，張良授意樊噲入帳。樊噲持盾佩劍闖進帳中，目視項羽，怒髮衝冠。項羽賜他一碗酒和一隻豬腿，樊噲狼吞虎嚥地喝了酒吃了肉，然後陳述劉邦勞苦功高和赤膽忠心，指責項羽聽信流言蜚語，項羽一時無言以對。

劉邦藉口上廁所，與張良、樊噲一同出帳。項王都尉陳平召喚劉邦。劉邦處於猶豫之中，樊噲勸道：「大的行動不必顧及細節，大的禮節不必看重小的禮儀。現在人家是刀俎，我們是魚肉，還猶豫什麼！」於是，劉邦悄然離去，留下張良作辭。張良估計二人已遠走，才回帳向項羽辭謝道：「沛公不勝酒量，不能親自向大王辭行，特地讓我帶來白璧一雙、玉斗一對，奉獻給大王和將軍。」項羽問：「劉邦現在何處？」

張良答道：「他聽說大王要責備他，心中恐懼，現已返回灞上了。」范增聽說劉邦偷偷跑了，氣急敗壞地砸碎玉斗，惱恨地說：「將來奪取項王天下的，一定是劉邦了。我們今後都要當他的俘虜了！」

這時，劉邦早已扔下車馬，一個人帶著樊噲等四人順驪山而下，從小路安全地返回營地。

75 蔣恆巧捉真兇

在人海茫茫中，為了緝拿殺人真兇，高明的破案人員恰如一個頗有經驗的執釣者。根據自己需要釣什麼樣的魚，而在魚鉤上使用適合此類魚口味的釣餌，誘其上鉤。

唐太宗貞觀年間，湖南衡陽板橋客店店主張迪，在妻子回娘家的一天晚上，突然被人殺害了。

店裡的夥計發現店主被殺，馬上懷疑是當天晚上住店的三個人幹的。因為這三個人在張迪被殺後，半夜裡匆匆忙忙地離店走了，莫不是作賊心虛？於是就立即去追趕那三個人，追上一看，三人果然都帶著刀子，有一個叫衛三的人，刀子上還有血跡。人贓俱在，店夥計馬上把這三個人扭送進了官府。

一開始，三個人還直喊冤枉，後來終於受不了皮肉之苦，招供說殺人了。官府老爺立即讓他們畫了押，吩咐左右：「押入大牢，等候處斬！」

後來，這個情況被太宗李世民知道了，他覺得此案有點奇怪。這三人不認識店主，前無冤後無仇，為什麼會平白無故地就把店主給殺了呢？他叫來御吏蔣恆，吩咐道：「你去複查一下這個案子，一定要查個水落石出。店主如果真是那三人所殺，也要查明殺人的動機，然後再行決斷。如若是別人所為，更要查出元凶是誰，絕不能輕易地冤枉好人。」

蔣恆來到衡陽，跟官府說，那三個人暫時不要處斬。接著來到案發地點進行情況調查，經了解，那三個人確實與店主無冤無仇，蔣恆又仔細地詢問了案發當時的情況，逐步排除三人作案的可能。

第二天，蔣恆分別提審三個人犯。

三人的口供完全相符。他斷定，店主確是別人所殺。

次日，蔣恆下令：「板橋客店的人員，無論男女，凡十五歲以上的都要到官府來集合。」不多時，板橋客店的人來了，蔣恆看了看來的這些人說：「今天來得不齊，你們暫且回去吧，等候通知再來。」話音一落，眾人都往外走。

「慢著，這位老婆婆先留一會兒，我有話說。」蔣恆喊住了一個年近八十歲的老婆婆。

「老人家高壽？」蔣恆問。

「你說什麼，問我養不養豬？」老人耳朵不太好。

「你——在——店——裡——幾——年——啦？」蔣恆提高嗓門，拉長聲音問。

「快三十年啦！」這回老婆婆聽明白了。

「誰和張店主有仇？」蔣恆又問。

「說來店主人也沒有什麼仇人，不過生意人結交的人多，也說不準有脾氣不對的。」老婆婆年紀已大，閒聊起話來，還是滿有老年人的味道。

就這樣，蔣恆和老婆婆一直聊到很晚，才讓老婆婆回去。

老婆婆剛一出門，蔣恆就叫來一個獄中的看守說：「你立即喬裝打扮，祕密跟著老婆婆去。如果有人向老婆婆詢問什麼，要仔細聽清楚內容，並記住問話人的長相，回來報告。」

老婆婆回店後，果然有個人來問老婆婆：「官府是怎麼審問你的？」老婆婆實言相告。

第二天，蔣恆又把所有十五歲以上的店員叫到官府，又藉口讓大家先回去，只留下老婆婆一人問話。老婆婆回去後，又是昨天的那個人前來打聽消息。一連三天，天天如此。蔣恆立即派人了解這個人和店主的關係，得知此人和店主的妻子有曖昧的關係，張店主曾為此和他鬧過糾紛。於是下令：「把向老婆婆打聽消息的人給我帶來！」

「堂下之人，可知你有罪？」蔣恆單刀直入。

「小人不知，小人不知！」這人邊回話，邊渾身直打哆嗦。

「你可是殺害張店主的兇手？」蔣恆突然發問。

「小人沒有，小人沒……」

「你和張迪之妻通姦，張迪早已發現，為此曾三番五次地警告於你，你為了長期霸占張妻，便殺害了他，可是事實？」

「我沒有殺人，我沒有殺人。」

「來人，給我動大刑！」蔣恆大聲喝道。

「別，別，小的願意招供。」未等用刑，凶犯就招供了全部殺人過程，還供出了殺人共犯張妻。

原來，凶犯和張迪之妻長期通姦，為了達到霸占店產，長期姘居的目的，一直準備謀害張迪。碰巧，那天晚上來了三個帶刀的店客，於是產生了借刀殺人、嫁禍於人的歹念。張妻藉故回了娘家，半夜裡凶犯潛入客房，用房客的刀殺了店主，又把帶血的刀原封不動地裝回刀鞘。

76 朱元璋治軍

古人云：「大凌小者，警以誘之。剛中而應，行險而順。」意思是說，強者懾服弱小者，要用警戒的方法加以誘導。威嚴適當，可以獲得擁護。手段高明，可以使人順服。朱元璋「殺雞儆猴」，的確是一絕妙的策略。

一三五九年，朱元璋率領紅巾軍攻下集慶，準備攻打鎮江。就在攻打鎮江的拂曉，負責指揮這場戰役的徐達將軍遲遲未露面。突然，一則驚人的消息傳到了大軍聚集的教場：徐達將軍已被抓起來，馬上就要問斬。

眾將士非常吃驚。徐達將軍自跟朱元璋起兵以來，東征西討，立下汗馬功勞。究竟他犯了什麼罪，以至於要砍掉腦袋？

過了一會兒，只見徐達將軍被反綁著押了過來，後面跟著兩名手捧鋼刀、殺氣騰騰的劊子手。朱元璋也在眾衛的簇擁下來到教場。

執法官洪亮的聲音宣布：「徐達身為統兵大將軍，不知管束部隊將士，軍中屢次發生欺壓百姓的事情，壞了我紅巾軍的名聲。為嚴明軍紀，對徐達應予斬首示眾！」

眾將士一聽都嚇得臉色慘白，見朱元璋要來真的，一時不知如何是好。帥府都事李善長跪求朱元璋，說道：「徐大將軍作戰英勇，屢立大功，當下軍務緊急，正是用將之計，望元帥寬恕他！」眾將士也一齊跪下，哀求說：「軍中發生的欺壓百姓之事，不能只怪罪徐大將軍，我們亦有責任。求元帥饒恕他！」

朱元璋坐在椅子上，臉色鐵青，一言不發。半晌，他終於站了起來，堅定地問道：「我們起兵是為了什麼？」眾將士異口同聲地回答：「替天行道，除暴安民！」

「大家說得對，」朱元璋點點頭，「我們起兵反元，就是因為元朝官府欺壓百姓。如果我們推翻了元朝，反過來又欺壓百姓，那麼我們不就和元朝官兵一樣了嗎？要不了多久，別人也會替天行道，起兵除我們暴了！」

李善長見朱元璋語氣有所緩和，又趁機哀求道：「徐大將軍跟著元帥多年，戰必勝，攻必克，勞苦功高，這一次就原諒他吧！」

朱元璋聽了，沉吟了半晌，才指著徐達喝道：「看在眾將士的分上，這次暫且饒了你。以後軍中再發生欺壓百姓之事，定斬不饒！」說罷，朱元璋拂袖而去。

鬆了綁的徐達又恢復了大將軍的威嚴，他當場宣布：「打下鎮江後，一不許燒房，二不許強搶，三不許欺凌百姓，四不許調戲婦女。違者砍頭示眾！」於是，徐達將軍率領這支紀律嚴明的大軍，很快攻占鎮江。進城後，大軍秋毫無犯，當地百姓拍手稱讚，奔走相告。

朱元璋見到這種情形後十分高興，他把徐達叫來，一把拉住徐達的手說：「賢弟，教場那幕，實在委屈你了！」徐達笑道：「元帥高見，沒有教場那一幕，怎能有今天這樣的好軍紀！」原來，紅巾軍自打下南京以後，軍紀鬆弛，強買強賣，調戲婦女之事屢有發生，朱元璋為此憂心忡忡。他知道光靠抓幾個違紀將士發揮不了有效作用，於是就導演了假斬徐達這場戲。

77 張守桂「捉魚」

在混濁的水中，魚兒辨不清方向，在複雜的戰爭中，弱小的一方經常會動搖不定，這時就有機可乘。更多的時候，這個可乘之機不能只靠等待，而應主動去製造這種可乘之機。一方面主動地去把水攪渾，使情況複雜起來，然後可見機行事。

唐朝開元年間，契丹叛亂，多次侵犯唐朝。朝廷派張守桂為幽州節度使，平定契丹之亂，契丹大將可突干幾次攻幽州，未能攻下。可突干想打探唐軍虛實，便派使者到幽州，假意表示願意重新歸順朝廷，永不進犯。張守桂知道契丹勢力正旺，主動求和，必定有詐，他將計就計，客氣地接待了來使。

第二天，張守桂派王悔代表朝廷到可突干營中宣撫，並命王悔一定要探明契丹內部的底細。王悔在契丹營中受到熱情接待，並在招待酒宴上仔細觀察契丹眾將的一舉一動。

他發現，契丹眾將在對朝廷的態度上並不一致。他又從一個小兵口中探聽到分掌兵權的李過折一向與可突干有矛盾，兩人貌合神離，互不服氣。王悔特意去拜訪李過折，裝作不了解他和可突干之間的矛盾，當著李過折的面，假意大肆誇獎可突干的才幹。李過折聽罷，怒火中燒，說可突干主張反唐，使契丹陷於戰亂，人民十分怨恨。並告訴王悔，契丹這次求和完全是假意，可突干已向突厥借兵，不日就可攻打幽州。王悔趁機勸說李過折，唐軍勢力浩大，可突干肯定失敗。他如脫離可突干，建功立業，朝廷保證一定會重用他。李過折果然心動，表示願意歸順朝廷。王悔完成任務，立即辭別返回幽州。

第二天晚上，李過折率領本部人馬，突襲可突干的中軍大帳。可突干毫無防備，被李過折斬於營中，這一下契丹營大亂。忠於可突干的大將孔召集人馬，與李過折展開激戰，殺了李過折。張守桂探得消息，立即親率人馬趕來接應李過折的部隊。唐軍火速衝入契丹軍營，契丹軍內正在火拼，混亂不堪。張守桂趁機發動猛攻，生擒孔，大破契丹軍。從此，契丹叛亂被平息。

78 一紙碑文換平安

姚崇深知張說貪圖寶玩玉器之性，才因其性而巧施賄賂，讓自己的政敵心甘情願地為自己說好話，避免政敵在自己死後對自己進行攻擊，也為兒孫們免除了一場大劫難。

唐玄宗時，姚崇和張說同朝為相。張說素以「大手筆」聞於朝野，故為姚崇所嫉妒。兩人經常明爭暗鬥，有時連皇上也覺得難以調解。

這年，姚崇患了重病，日甚一日，他覺得自己快不行了，便把兒子召至床前，說：「爹爹就要撒手歸天了，審視一生，也曾做過轟轟烈烈的大事業，沒有什麼值得遺憾的事。只有一件事我不甚放心。張丞相與我同朝為官多年，言來語去，多有摩擦。我在世時，他不敢怎樣，但我死後，他會羅列罪名，毀我名聲。一死萬事休，任他說什麼，我倒沒什麼了，只是放心不下你們幾個。我一旦獲罪，肯定會連累你們，你們有什麼辦法應付嗎？」

兒子們你看我，我看你，覺得沒有什麼良策對付。姚崇繼續說：「制人，要因人之性，借人之手。若能讓張丞相來為我蓋棺定論，出於時風所礙，他不會不說句好話的。這樣吧，等我死後，張丞相依照慣例會來祭奠。他來之前，你們可把我平生蒐集的佩飾玉玩都擺在供案上，見機送給他。待他收下，就請他為我寫碑文，一旦拿到碑文，就速稟報皇上批准。這樣，就萬事大吉了。」

姚崇死後發喪，張說果然來弔唁。剛進靈堂，他就盯上了在靈案上的玉器寶玩，連行禮時，也心不在焉。姚崇的兒子們心中暗喜，忙按父親生前的指示，將寶玩玉器盡數送給張說。張說假意推辭了幾下，最後歡天喜地收下了。

寶玩送到張說府上，張說還顧不上看個完整，姚崇長子便前來求見。見面一問，原來是請張說為父撰寫碑文的。拿了人家的東西，這點事情，當然應當效勞。張說沒考慮就答應了。

死人的碑文是等著用的，說寫就得寫。再說，張說也想趕緊應付了此事，好細細品玩那些稀世珍寶。於是叫下人磨墨，揮筆寫下了不少讚譽的話。

碑文剛剛寫完，就有姚府上的人等著取。姚崇的兒子拿到碑文，忙按父親吩咐呈奏皇上。皇上御批「可」，便速請人刻在石碑上。

過了兩天，張說從偶得寶玩的狂喜心境中平靜下來，仔細品味才覺得此事有點不對，他姚家為何平白無故送這麼珍貴的寶玩給自己呢？又一想所寫的碑文，才大呼「上當」，忙派人去姚府，說前日所寫碑文有點不妥之處，請求取回修改。聽家人回話說那碑文已奏過皇上，並已刻在碑上，張說一屁股坐在椅子上，長嘆一聲：「又讓姚崇這匹夫算計了！」

第八章　勸諫說辯的良策

因人施言，即對什麼樣的人說什麼樣的話。要說服一個人，首先要弄清楚情況，摸準個性。包括這個人的興趣、能力、氣質和性格等，亂說一氣，等於對牛彈琴。只有知己知彼才能針對不同對手，採取不同的勸諫說辯的良策。

79 陳軫巧言破讒言

面對讒言為自己辯解，不要急於為自己辯白而大吵大嚷，不妨順著對方的話題進行論證，巧妙地為自己洗刷不白之冤。

戰國時候，張儀和陳軫都投靠到秦惠王門下，陳軫受到重用。不久張儀便產生了嫉妒之心，因為他發現陳軫很有才幹，比自己強得多，擔心日子一長，秦王會冷落自己，喜歡陳軫。於是他便找機會在秦王面前說陳軫的壞話，進讒言。

一天，張儀對秦惠王說：「大王經常讓陳軫往來於秦國和楚國之間，可現在楚國對秦國並不比以前友好，但對陳軫卻特別好。可見，陳軫的所作所為全是為了他自己，他並不是誠心誠意為我們秦國辦事。聽說陳軫還常常把秦國的機密洩漏給楚國。做為大王您的臣子，怎麼能這樣做呢？我不願再和這樣的人在一起做事。最近我又打聽到，他打算離開秦國到楚國去。要是這樣，大王還不如殺掉他。」

聽了張儀的這番話，秦王自然很生氣，馬上傳令召見陳軫。一見面，秦王就對陳軫說：「聽說你想離開我這兒，準備上哪兒去呢？告訴我吧，我好為你準備車馬呀！」

陳軫一聽，莫名其妙，兩眼直盯著秦王。但他很快便明白了，這裡面話中有話，於是鎮定地回答：「我準備到楚國去。」

果然如此。秦王對張儀的話更加相信了，於是慢條斯理地說：「那張儀的話是真的。」

原來是張儀在搗鬼，陳軫心裡完全清楚了。他沒有馬上回答秦王的話，而是定了定神，然後不慌不忙地解釋說：「這事情不單是張儀知道，連過路的人都知道。從前殷高宗的兒子孝己，非常孝敬自己的後母，因而天下人都希望孝己做自己的兒子；吳國的大夫伍子胥對吳王忠心耿耿，以至於天下的君王都希望伍子胥做自己的臣子。所以，俗話說，出賣奴僕和小妾，如果左右鄰居爭著要，這就說明他們是好僕好妾，因為鄰里了解他們才買；一個女子出嫁，如果同鄉的小夥子爭著要娶她，這就說明她是個好女子，因為同鄉的人都了解她。我如果不忠於大王您，楚王又怎麼會要我做他的臣子呢？我一片忠心，卻被懷疑，我不去楚國又到哪裡去呢？」

秦王聽了，覺得有理，點頭稱是，但又想起張儀講的洩密的事，便又問：「既然這樣，那你為什麼將我秦國的機密洩漏給楚國呢？」

陳軫坦然一笑，對秦王說：「大王，我這樣做，正是為了順從張儀的計謀，用來證明我不是楚國的同黨呀！」

秦王一聽，糊塗了，望著陳軫發愣。

陳軫不急不徐地說：「大王聽說這樣一個故事嗎，一個人有兩妾。有人勾引那個年紀大一些的妾，卻被那個妾大罵了一頓。他又去勾引那個年紀輕一點的妾，年輕的妾對他很友好。後來兩個妾的丈夫死了。有人就問那個勾引他小妾的人，『如果你要娶她們做妻的話，是娶那個年紀大一些的呢，還是娶那個年紀輕的呢？』他回答說，『娶那個年紀大些的。』這個人又問他，『年紀大的罵你，年紀輕的喜歡你，你為什麼要娶那個年紀大的呢？』他說，『處在她那時的地位，我當然希望她答應我。她罵我，說明她對丈夫很忠誠。現在要做我的妻子了，我當然也希望她對我忠貞不二，而對那些勾引她的人破口大罵。』大王您想想看，我身為楚國的臣子，如果我常把秦的機密洩漏給楚國，楚國會相信我、重用我嗎？楚國會收留我嗎？我不是楚國的同黨，大王您該明白了吧！」

秦惠王聽陳軫這麼一說，不僅消除了疑慮，而且更加信任陳軫。

80 惠施勸諫

一個人一旦形成一種觀念，或是一種對問題的看法，沒有充足的理由，就很難說服他，而且也易成為他固執己見的藉口。所以，要讓別人改變剛愎的做法，關鍵是能夠讓他心服口服。

戰國時期，魏惠王後元十六年，惠王駕崩，即將繼位的襄王以太子的身分主持喪禮。不料，在即將按規定日期下葬的時候，突降大雪，積雪很快高達三四尺，國都大梁的內城和外城都有不少地方崩坍了。惠王的陵墓選在北部山區，送葬隊伍經過狹窄陡峭的棧道，十分危險。大臣們紛紛向太子建議推遲下葬的日期，他們說：「這麼大的雨雪，如果按期下葬，必定勞民傷財，損失太大，國家恐怕也擔負不了這樣的開支，應改期為好。」

太子堅持原定的計劃，不肯改期。他認為，做兒子的，必須謹守傳統的禮儀，恪盡孝道，不能因為雪大和費用而破壞禮儀，這樣做是不符合原則的。太子的態度十分強硬，毫不讓步。

公孫衍，號犀首，魏國陰晉（今陝西華陰東）人，魏惠王後元十二年，他曾經發起燕、趙、中山、韓、魏等五國諸侯聯盟，被尊為王，以後被惠王任命為相，在魏國有很高的威望。這時，他也正為說服太子更改葬期焦慮，但是總想不出一個好辦法。

大家看到連公孫相國都沒有把握能說服太子，覺得這事確實很困難。抱著最後一試的僥倖心理，大家驅車到已經退休了的相國惠施家裡。

惠施出生於宋國，是戰國時著名的哲學家，精於辯論，巧於思考，曾隨同魏惠王出使過齊國，使魏、齊互尊為王，回國後擔任過魏相。大臣們來後，向他轉達了公孫衍的意見，請惠施勸太子不要固執己見，使國家人民遭受損害。惠施爽快地接受了大家的請求。

惠施進入宮廷，望見四處白幡飄揚，又觸動了對往日君主惠王的思念，感到自己為減少國家和人民的損害來見太子，說服他更改葬期，這是對死去惠王應盡的責任，精神不禁為之一振。惠施快趕幾步，走入內宮，拜見太子。惠施以悲痛與無限關注的口吻詢問太子說：「下葬的日子定了嗎？」

「定了！」

惠施接著慨嘆地說：「過去周文王把父親安葬在霄縣的南山腳下，不料，鸞水沖刷了墓地，使棺柩的前頭露了出來，大家都很驚慌。文王卻別有所悟地說，『嘻！這是先君還想見一見他的臣屬和子民，所以讓鸞水把他的棺頭沖刷出來。』文王於是把父親的棺柩挖出來，重新設在靈帳裡讓大家朝拜，三天後改葬在別的地方。這就是文王處理事情的方法啊！」

「文王真是一位有頭腦、有辦法的人物哩！」太子讚佩地說。

惠施感到太子的想法已有可能向自己的這邊靠攏，隨即接近正題說：「在我們先王下葬之際，積雪這樣厚，難以行走。太子殿下堅持不更改原定的日期，是不是略為性急了點呢？我的意見是最好更改一下日期。因為我覺得這是先王有意要在地上多停留幾天，看看他的江山社稷和眾多的臣民，所以使雪下得這麼急、這麼大。由此而推遲一下時日，讓先王的意願能夠實現，這正是當年周文王的做法啊！太子如果不這樣做，難道是不佩服周文王嗎？」

太子聽了，連連點頭說：「好，好！我一定領會先生的意願，推遲下葬，等雪化後，再重新選定日期。」

81 宋玉巧辯登徒子

自古以來，有關辯術的記載可謂數不勝數，但高明的辯術都有一個共同特點，那就是先設置陷阱，然後循循誘導，使他人進入其中。

古時候，宋玉和登徒子兩人一同在楚王跟前侍候。宋玉年輕英俊、才華橫溢，很得楚王賞識，這就引起了登徒子的忌妒。這天退朝後，登徒子見周圍沒幾個人，就趁機在楚王跟前毀謗宋玉，說：「大王，您切切不可讓宋玉這樣的人有機會進入您的後宮！」

楚王「唔」了一聲，問：「這是何故，給孤家講講。」

登徒子就說：「宋玉這人，一來體態英俊，二來能說會道，三來又很好色。讓他鑽進後宮，那還得了！」

過了兩天，楚王把登徒子的話轉達給宋玉，看他有什麼話說。宋玉聽後，並不羞惱，淡然一笑，說：「稟告大王，登徒子說我長得英俊，是事實，不過那是天生的；說我能言會道，這是老師教的，也是事實。至於說我好色，這純屬無中生有之事，願大王明察！」

楚王笑道：「愛卿不必緊張，有什麼儘管說，我心裡清楚。」

宋玉沉思片刻，說道：「天下最美的女子在楚國，楚國最美麗的女子在臣所居住的那條街上，那條街上最美的女子就在臣的隔壁，要說那姑娘呀，增加一分就顯得太高了，減少一分就顯得太矮了，擦點粉顯得太白，抹胭脂呢，又太紅了，總之恰如其分，光彩照人！她嫣然一笑，肯定全城的人都要為之心迷神醉！就是這樣一個天姿國色，主動勾引我已好長時間了，我都不曾娶她，怎能說臣好色呢？」

楚王說：「嗯，有理。繼續講下去！」

宋玉說：「登徒子跟我正相反。他那老婆，蓬頭垢面，醜陋極了。這樣的女人，登徒子居然非常喜愛她，兩個人恩恩愛愛的，一口氣生下五個孩子。這怎麼解釋呢？這說明登徒子離不了女人，說明他饑不擇食。大王，您說，他這不是好色是什麼呢？」

宋玉這番話，可謂振振有詞、頭頭是道。於是，「登徒子」從此成了色鬼的代名詞。

82 晏子巧諫齊景公

一樁平凡的小事，一席普通的交談，聰明的晏子都能抓住機會，巧妙地勸諫景公，減免刑罰，這免除了許多人的痛苦和不幸！

齊景公在位期間，特別喜歡修建亭台樓閣，以遊玩觀賞；喜歡穿戴華貴奇異的服飾，以圖新奇和開心；喜歡通宵達旦地飲酒作樂，過著奢侈豪華的生活。晏子做景公的宰相時，則用儉樸的生活約束自己，以勸諫景公。景公多次給他封賞，都被他拒絕了。景公很尊重晏子，不忍心讓他過著平民一樣艱苦清貧的生活。有一次，景公趁晏子出使晉國不在家的機會，替他建了新房子。誰知晏子一回來，就要把新房子拆了，替鄰居建房，把因為替他建房而遷走的鄰居們請回來。景公知道了，很生氣，說：

「你不願打擾百姓、鄰居，那麼請你在宮內建一棟住房，行嗎？我想和你朝夕相處。」

晏子一聽，急了，說：「古人說，受寵信要知道收斂自己。您這樣做雖然是想親近我，但我卻會整天誠惶誠恐。我一個臣子怎麼能這樣做呢？那只會使我與您疏遠。」

景公無法強求，只好退一步說：「你的房子靠近鬧市，低濕狹窄，整天吵吵鬧鬧，塵土飛揚，不能居住。替你換一個乾燥清爽、安靜一點的地方，總行吧？」

晏子也不接受，他連忙辭謝，說：「我的祖先就是世世代代住在這裡的，我能繼承這份遺產，就已經很滿足了，而且這地方靠近街市，早晚出去都能買到我所要的東西，倒也方便，實在不敢再煩擾鄉鄰再建房子。」

景公聽了，笑著說：「靠近街市，那你一定知道東西的貴賤，生意的行情！」

「當然知道。百姓的喜怒哀怨，街市貨物的走俏滯銷，我都很熟悉。」

景公覺得有趣，隨口問道：「你知道現在市場上什麼東西貴？什麼東西賤？」

那時，景公喜怒無常，濫施刑罰，常常把犯人的腳砍下來，因而市場上有專門賣假腳的。晏子有心趁機勸諫景公，便說：「據我所知，假腳的行情看漲，而鞋子卻賣不出去了。」

景公馬上收斂起笑容，臉色非常嚴肅，再不作聲。這事對他觸動很大，過了不久，他便下令減免刑罰。

83 杜襲諫曹

良藥苦口利於病，忠言逆耳利於行，但高明的醫生會在良藥外邊裹上糖衣，傑出的智者會把忠言說得同樣入耳動聽。

三國時期，曹操準備鎮撫關中以後，即回師洛陽，可是關中某地豪強許攸，拒絕率部歸降曹操，還說了許多謾罵曹操的話，曹操大怒，準備下令征討許攸。

群臣紛紛勸曹操用招撫的辦法使許攸歸順，以便集中力量對付蜀吳軍隊的侵擾。曹操絲毫聽不進去，且橫刀膝上，群臣們嚇得誰也不敢作聲了。留府長史杜襲卻仍上前勸諫，曹操劈頭喝道：「我的主意已定，你不要說了。」

杜襲問道：「您看許攸是什麼樣的人呢？」

曹操怒氣沖沖地說：「不過是個匹夫罷了。」

杜襲說：「對呀，只有賢人才了解賢人，聖人才能理解聖人。許攸這樣的人，怎麼能了解您的為人呢？所以您犯不著去跟他生氣。現在大敵當前，豺狼當道，您卻要先去打狐狸，人們會議論您避強攻弱的。這樣的進軍算不上勇敢，收兵也算不上仁義。我聽說力張千鈞的巨弩，不會對小老鼠扣動扳機；重逾萬石的大石，不會因小草棍的敲打而發出聲音。現在一個小小的許攸，哪裡值得勞您的大駕呢？」

曹操聽了這番話，覺得很入耳，便爽快地接受了杜襲的勸告，以優厚的條件去招撫許攸，許攸果然被招服了。

84 潁考叔諫莊公

說辯，要注意環境和氣氛是否合適。如果沒有合適的環境和氣氛，就沒辦法創造出這樣的氛圍，藉以打開僵局，說服對方。

鄭莊公之母姜氏，在生他的時候，受到驚嚇，所以對莊公有厭惡之意，而偏愛其弟共叔段。平王十三年（西元前七七二年）姜氏縱容共叔段謀反，鄭莊公設計殺死其弟，並將他的母親姜氏送往遠離京城的潁地居住，發誓說：「不到黃泉，母子絕不相見！」

時間一長，鄭莊公不想一輩子背上棄母不孝的名聲，但後悔已來不及了。這時，潁地有一個管理疆界的小官，叫潁考叔，聽到這個情況後，就以獻野味為名，去見莊公。莊公命人殺了一隻羊招待潁考叔。吃的時候，考叔回答說：「我有母親，我煮的很多食物她都吃過了，卻沒有嘗過國君所賜的美味，請允許我帶這些肉回家給老母做湯喝吧。」莊公說：「你有母親可孝敬，我卻沒有了！」說完，不覺長嘆。潁考叔說：「姜夫人在家安然無恙，為什麼說沒有了母親？」莊公說明了原因，並告訴他現在後悔了。潁考叔說：「這有什麼難的？如果把地挖到能見泉水處，再打個隧道，你母子二人在隧道裡相見，又有誰說你違背了誓言呢？」莊公聽後非常高興。於是掘地及泉，母子二人於隧道相見，和好如初。

85 楚文王受鞭刑

痼疾需要下重藥。對於執迷不悟、剛愎自用的人，則需要在他的背上擊一猛掌，待其清醒，再進說詞。

楚文王得到一隻名叫茹黃的獵狗和一些名叫宛路的細長而直的竹子。他用這些竹子做箭桿，帶著獵狗到雲夢澤打獵，一去三個月不回來。他得到丹陽美女後，就縱情聲色，整整一年不上朝聽政。

一位名叫申的太保對楚文王說：「先王占卜讓我做太保，封象吉利。如今您得到茹黃之狗和宛路之箭，前去打獵，一去三個月不回來；得到丹陽美女，縱情聲色，一年不上朝聽政。您的罪應該施以鞭刑。」

文王說：「我從離開襁褓就列位於諸侯，請您換一種刑法，不要鞭打我。」

太保申說：「我敬愛先王之命，不敢廢棄。您不接受鞭刑，這是讓我廢棄了先王之命。我寧可獲罪於您，也不能得罪先王。」

文王說：「遵命。」

於是太保申拉過蓆子，文王伏在上面。太保申把五十根細荊條捆在一起，跪著放在文王背上，再拿起來。這樣反覆做了兩次，然後對文王說：「請您起來吧！」

文王說：「同樣是有了受鞭刑的名聲，索性真的打我一頓吧！」

太保申說：「我聽說，對於君子，要使他心裡感到羞恥；對於小人，要讓他皮肉覺得疼痛。如果讓君子感到羞恥仍不能改正，那麼讓他覺得疼痛又有什麼用處？」

太保申說完，快步離開了朝廷，自行流放到深淵邊上，請求文王治自己死罪。

文王說：「這是我的過錯，太保申有什麼罪？」於是改弦更張，召回太保申，殺了茹黃之狗，折斷了宛路之箭，打發走了丹陽的美女，奮發圖強兼併了三十九個國家，擴大了楚國的疆土。

86 李斯諫逐客

講道理離不開擺事實舉例子。在論辯中選用典型事例充分證明自己的觀點，必能使自己的論點嚴密準確，無懈可擊，令人信服。

呂不韋死後不久，秦王政下了一道命令：

凡是他國遊客，一律不准住在秦都咸陽；凡是在秦國做官的他國人，一概削職，限三日內離開秦國。

這道「逐客令」一發布，呂不韋所豢養的門客紛紛被轟出了秦國。這裡面有位楚國人叫李斯，頗有才學，秦王政曾拜為客卿，也在被轟之列。李斯心想，秦王政的「逐客令」，主要是由呂不韋謀反之事引起的。而秦王政是一位志在高遠、求才若渴的君主。想到這裡，李斯於咸陽城外寫了一封奏章給秦王政。

奏章裡說：

泰山不拒勺土才能成其高，大海不擇細流才能成其廣，王者不卻庶眾才能成其德。過去秦穆公稱霸，從西方的戎狄得到由余，從東國的宛地得到百里奚，迎來宋國的蹇叔，從晉國求得公孫枝和丕豹。孝公用商鞅變法，惠王用張儀破六國合縱，昭王用范雎獲得「遠交近攻」的計謀。這四位國君都是依仗客卿才取得成功的。客卿有什麼對不起秦國的？如果大王一定要驅逐他們，客卿們一定紛紛離開秦國而為別人所用，到時再想尋求效忠於秦國的人才，就難上加難了。

秦王政看了李斯的這篇奏章，頓然醒悟，立即廢除了「逐客令」，並派人馳車把李斯請了回來，讓他官復原職，並倍加信任。被逐的其他人也都得到了妥善安置。

87 鄒忌諷齊王納諫

人們的思想是有某些共同規律的，積極尋找這種共同規律，先透過剖析自己，再推及他人，以求在思想上引起對方共鳴，這就是「現身說法」的要義。

戰國時期，齊國的相國鄒忌，常常思考著如何使齊國強盛起來。而齊國強盛的關鍵是使齊王虛心納諫，勵精圖治。

有一天，鄒忌早上起來照鏡子，在鏡中他看到自己修長的身材，俊美的容貌，楚楚的衣冠，頗有點洋洋自得。他邊照鏡子邊問妻子：「你說我與城北的徐公誰美呀？」妻子不假思索地回答：「你美極了，徐公怎麼比得上你？」鄒忌有點不信，因為徐公是遠近聞名的美男子，於是又問其妾，妾說：「徐公怎麼比得上您呢？」這天有客人來訪，鄒忌又問客人，客人說：「徐公不如您美。」這使鄒忌飄飄然起來。恰巧第二天徐公來訪，鄒忌仔細看著徐公，又照著鏡子反覆對比，怎麼看也是徐公比自己美。這引起了他的深思：明明徐公比自己美，可是妻、妾與客人卻都說自己比徐公美，這是什麼原因？他終於想出了答案：妻子說他美，是偏愛他；妾說他美，是懼怕他；客人說他美，是有求於他。

於是鄒忌上朝去見齊威王，對他講完了這段親身經歷的體會後，說：「今齊地方千里，百二十城，宮婦左右，莫不私王；朝廷之臣，莫不畏王；四境之內，莫不有求於王。由此來看，您受的矇蔽太深了。」

齊王聽罷鄒忌的話，於是下令全國：「群臣吏民有當面揭發批評我的過錯的，受上賞；上書揭發批評我的過錯的，受中賞；能在大庭廣眾中揭發批評我的過錯的，只要被我聽到的，受下賞。」這道求諫令剛下，群臣紛紛進諫，門庭若市；幾個月之後，偶爾有來提意見的；一年後，即使想提意見也沒的可說了。

齊國因此很快強大起來，燕、趙、韓、魏各國都到齊國來朝聘。

88 唐雎不辱使命

道理正確而言詞嚴肅，叫「義正詞嚴」，當人們堅持真理、維護正義時，就要以凜然正氣表明自己堅定的立場和崇高的氣節，以威懾對方，在氣勢上壓倒對方。

秦王派人對安陵君說，要用五百里的地方換取安陵。安陵君沒有同意，為此，秦王非常不高興，於是安陵君派唐雎出使秦國。

秦王對唐雎說：「我想用五百里的地方換取安陵，安陵君不聽我的，這是為什麼？秦國打敗了韓國，滅了魏國，而安陵君能以五十里的地方存在下來，是因為我覺得他講義氣罷了，現在我用多於十倍的土地來交換小小的安陵，他不接受，這不是輕視寡人嗎？」

唐雎回答秦王說：「不是這樣的，安陵君是從祖先那裡繼承了安陵這塊地方，所以必須守衛它，即使給他千里的土地也不敢換，何況是五百里呢？」

秦王勃然大怒，對唐雎說道：「你聽說天子發怒的情況嗎？」

唐雎說：「下臣沒聽說過。」

秦王說：「天子一旦發怒，就會伏屍百萬，血流成河。」

唐雎反問道：「大王聽說過老百姓發怒的情況嗎？」

秦王傲慢地說：「老百姓發怒，只不過是把帽子扔在地上，光著兩隻腳，用頭撞地罷了。」

唐雎說：「您所說的只不過是平庸的人發怒，不是真正的勇士發怒。專諸刺王僚時彗星襲月；聶政刺韓傀時，白虹貫日；要離刺王子慶忌時，有蒼鷹撞在大殿上。這三個人心中的怒還沒有發作，上天就降下了凶兆，加上我就將是第四個人了，如果勇士發怒，伏屍不過二人，血流不過五步，可是天下人都要披麻戴孝。」

唐雎說著就拔劍而起，秦王嚇得面無血色，向唐雎道歉說：「先生請坐，何必如此，寡人現在明白了。韓國和魏國都被秦國消滅了，而安陵能以五十里地存在，都是因為用了像先生這樣智勇雙全的人啊！」

秦王從此以後，再也不敢提與安陵君交換土地了。

89 惠盎善誘

面對宋康王提前關閉的納諫之門，惠盎從宋康王感興趣、最欣賞的勇猛力大的話題聊起，投其所好，借題發揮，從而攻破了宋康王的心理防線，達到了自己的預期目的。

惠盎覲見宋康王，康王劈頭就喝道：「寡人所喜歡聽的，是那些勇猛鬥狠的戰策，可不喜歡什麼仁義道德的空談，你要教些什麼點子給寡人呢？」

惠盎回答：「臣下有一種比您想知道的還要神奇的東西，就算是天下最勇猛的人，也別想刺進身；天下最鬥狠的人，也休想擊倒您，陛下難道沒有興趣聽聽？」

康王說：「這正是寡人所最喜歡聽的呀！」

惠盎見時機成熟，便開始進入正題：「說起來呀，其實這個刺不進身，擊不倒您的護身法還不算高明呢！因為這一刺一擊畢竟還是有辱您的尊嚴，更高明的應該是叫那些愛鬥好狠的武夫，根本不敢近您的身。這還不夠好，因為縱使表面不敢，心裡頭的敵意卻消不掉；而我這個法寶，就是叫那些人打從心眼裡就沒敵意，這樣人人對您沒敵意，天下平安祥和，這樣的局面難道您不喜歡？」

宋康王一聽，樂不可支，心想：天底下竟有如此妙方，趕忙催惠盎快說。

惠盎說：「這個法寶不是別的，就是孔子、墨子二家的學說啊！這話怎麼說？您沒瞧見，孔子、墨子沒有寸土之地，但卻可以君臨天下；沒有一官半職，卻名噪一時。普天下的人，沒有不引頸長盼這兩種能使天下人獲得幸福的學說能早日實現。如今您是天下尊主，如果能以孔墨二家學說，做為治國藍本，那麼四海昇平，指日可待。像這種不動一兵一戈，不傷一草一木即能利天下的東西，不是最妙的法寶嗎？」

宋康王聽畢，跟左右的人說：「惠盎的口才真是不簡單啊！連我都不能預料他最後要說的是什麼呢！」

90 莊子勸諫趙文王

莊子勸諫趙文王利用鋪張揚厲之法，為文王指出了君王應追求偉大崇高事業，激發文王勇武豪情，同時又委婉地批評了文王喜歡庶人劍，導致政務不理，國勢衰微的過錯，從而使文王猛然警醒。

戰國時，趙文王嗜好擊劍，門下聚集了三千多名劍士，日夜比試。雖然每年死傷數百劍客，但文王興趣依然與日俱增。國勢衰落了，各諸侯國蠢蠢欲動，打算趁機攻打趙國。

太子悝很憂慮，於是求助莊子勸諫趙文王。莊子假扮劍客，求見趙文王。文王高興極了，問道：「先生的劍術，如何制服對手呢？」莊子說：「十步殺一人，千里不停腳。」「真是天下無敵啊！」趙文王讚道，「先生休息一下，住在館舍中等候，屆時讓高手與您比試。」

趙文王用了七天時間挑選劍客，死傷五六十人，選出本領最高的六人，趙文王請來莊子：「今天請先生和他們比劍。先生慣持的劍長短如何？」「我所用的劍有三種，大王可以任意選用。」文王請莊子逐一介紹。

莊子說：「我這三種劍是天子劍、諸侯劍、庶人劍。」

「天子劍怎麼用？」

「天子劍，燕山為鋒，泰山為刃，魏晉為脊，周宋為首，韓魏為把，包四夷，裹四季，纏滄州，繫桓山，以五行製造。一旦使用，則匡正諸侯，使天下馴服。」

「諸侯劍怎麼樣？」

「諸侯劍，以智勇之士為鋒，清廉之士為刃，賢良之士作脊，忠誠之士作首，豪俠之士作把，一旦使用，雷霆萬鈞，山搖地動，封疆之內無人不聽其令。」

「何為庶人劍？」

「庶人劍，劍客頭髮蓬亂，帽檐低壓，衣服前長後短，一個個橫眉瞪眼，說話簡單粗野，他們在您面前擊打，上面扭斷了脖子，下面刺穿了肝肺。這種庶人劍，相互廝殺似公雞鬥架，對社稷毫無益處。現在大王有了天子的位置，卻喜歡庶人劍，我私下裡覺得不合適。」

趙文王拉著莊子的手走上殿來，三個月沒出宮，與莊子討論國事，擊劍之風驟止。

國家圖書館出版品預行編目（CIP）資料

保證不腦殘的歷史智慧：九十位知名導師用故事教你逢凶化吉 / 山陽，劉燁主編 . -- 第一版 . -- 臺北市：崧燁文化，2020.03
面；　公分
POD 版

ISBN 978-986-516-332-7(平裝)

1. 中國史 2. 歷史故事

610.9　　108022339

書　名：保證不腦殘的歷史智慧：九十位知名導師用故事教你逢凶化吉
作　者：山陽，劉燁 編著
發 行 人：黃振庭
出 版 者：崧燁文化事業有限公司
發 行 者：崧燁文化事業有限公司
E-mail：sonbookservice@gmail.com
粉 絲 頁：　　網 址：
地　址：台北市中正區重慶南路一段六十一號八樓 815 室
8F.-815, No.61, Sec. 1, Chongqing S. Rd., Zhongzheng Dist., Taipei City 100, Taiwan (R.O.C.)
電　話：(02)2370-3310 傳　真：(02) 2388-1990
總 經 銷：紅螞蟻圖書有限公司
地　址: 台北市內湖區舊宗路二段 121 巷 19 號
電　話:02-2795-3656 傳真 :02-2795-4100　　網址：
印　刷：京峯彩色印刷有限公司（京峰數位）

定　價：299 元
發行日期：2020 年 03 月第一版
◎ 本書以 POD 印製發行